GO《ゴー》GO《ゴー》!介《kaiカイ》護《GOゴ》

津田かおり

産業編集センター

はじめまして
ツダと申します
私はイラストレーター
などの仕事をしつつ
介護の仕事もしています
介護の仕事
と言うと…
排泄のお世話
人手不足…
安いお給料
夜勤…
人とのコミュニケーション
腰痛
などなど…
とにかく
「大変そう…!!」な
イメージがある
かもしれません
でもそんなことは
ありません…!
社会貢献もできて
楽しい事もいっぱい
あるんです…!
Happy ♡ Happy

…なんて明るく
語りたいところですが
すみません
前のコマはやらせです…
実際の現場は
やっぱり大変です…
でも 私は
介護の仕事をやって
本当に良かったな～と
思っています
なんだかんだで
10年目…!!
しゃ～っ
精神的に
打たれ強くなり
度胸もつきました…
うっ…
どんっ
昔が弱すぎた…
昔は人と接することが
いまいち苦手でしたが…
大丈夫かな…
はー ドキドキ…
ずいっ
こんにちはー
だんだん 人と接することにも
慣れてきました
ずうずうしくなったとも言える…

介護の仕事は
利用者さんの日常の暮らしに
寄り添っていくので…
色々な方々の
「暮らしかた」や
「人生のドラマ(?)」
をかいまみせてもらえました
※利用者さん…介護を受ける人のこと
(患者とは言わない)

人それぞれの
暮らしのリズムがあったり
助かるわ〜
何やってるの!
それぞれの
独自のルールがあったり
こっちの
常識は…
あちらの
非常識…!
だったり…

もちろん 良い関係ばかり築けるわけでもありませんが…
あなたのせいですよ…
すみません…
でも人と触れ合うことって面白いです…!
なにこれ〜!
この本ではそんな自分が体験した介護の仕事や介護にまつわることを描きました
訪問介護…
特養施設…
介護技術(?)
利用者さんとのこと…
などなど…
ご了承くださいませ…
あくまで私個人の体験談で介護の仕事や方法の参考書ではありません…
もしかしたら適切でないやり方をしていることがあるかもです…

GO《ゴー》GO《ゴー》!介《kaiカイ》護《GOゴ》

もくじ

バカッ
なにしにきた

あかさた

ビキッ

なぜ介護の仕事をしようと思ったのか？

社長
どうしました!?
バババタバタ
はっ
センム…!!
そこには
頭から大量の血を流して
倒れている専務が…
どうしよう…
私が急にドアを開けたら
チートさん（専務）に
ドアが当たって…
後ろに
倒れちゃったの…!!
社長
ひとまず救急車を
呼びましょう！
チ〜ト〜
ごめんね〜！
ごめんね〜！

頭動かしちゃダメだよね…？
変に触らない方がいいよね…？
それから救急車が来るまでどうしていいかわからず
大丈夫だから…
ただ見てるだけ…
意外と落ち着いていた専務
結局専務は頭の表面の傷だけで無事でした
よかった〜！
チートごめんね〜
オッケーオッケーよ！
またとある日駅の階段にて…
わあああああ
わっ
えっ…
あわわわ
し——ん
どさっ

ささっ
大丈夫ですか!?
駅員
呼んできます！
だだだだだだ
いざという時に
何も動けない自分…
他にも人がいて
よかった…
いや自分は何も
わからないから
余計なことは
しない方がいいんだ
…なんて言い訳しつつ
そんな自分がかっこ悪い
気もしていました
自分しかいない時に
目の前の人が倒れたら
どうしよう…
パニック
最低限のことは
できるようにしたいな…
そしてネット検索していると
日本赤十字社の「救急法」の
講習会を発見
救急法
へえ

3日ほど通って いざという時の
応急処置の仕方を教わりました
人工呼吸や
心臓マッサージの仕方…
いっちに〜さん
ふ〜っ
いざという時の
人工呼吸用の
シートがもらえる。
ここに口をつける
頭の出血止め…
三角巾で
腕をつるすやり方…
（いざという時に
三角巾があるのか…）
傷病者の
運び方…
などなど…
無事に終了すると
「救急員認定書」がもらえます
認定証
やった〜
教わったことは ほとんど
忘れてしまいましたが…
度胸はつきました
そして…
困っている人を
直接助けられる
仕事もいいな…
すぐ調子に乗るタイプ

なぜ介護の仕事をしようと思ったのか？

ホームヘルパー2級講座へ!

※現在「ホームヘルパー2級」は無くなり
「介護職員初任者研修」に変わっています。(2018年現在)

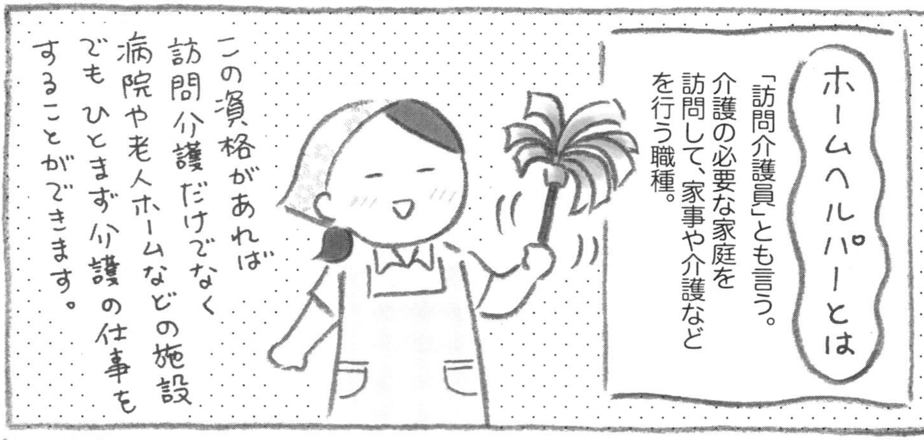
ホームヘルパーとは
「訪問介護員」とも言う。
介護の必要な家庭を訪問して、家事や介護などを行う職種。
この資格があれば訪問介護だけでなく病院や老人ホームなどの施設でもひとまず介護の仕事をすることができます。

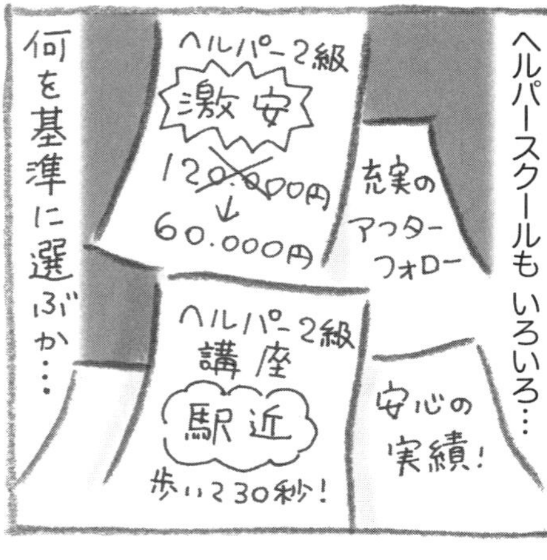
ヘルパースクールも いろいろ…
ヘルパー2級
激安
120,000円
60.000円
充実のアフターフォロー
ヘルパー2級講座
駅近
歩いて30秒!
安心の実績!
何を基準に選ぶか…

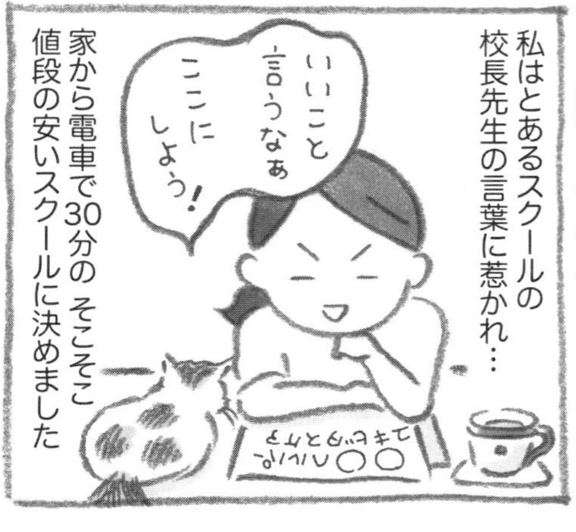
私はとあるスクールの校長先生の言葉に惹かれ…
いいこと言うなぁ
ここにしよう!
家から電車で30分の そこそこ値段の安いスクールに決めました

ホームヘルパー２級講座へ！

講習会は 座って学ぶ講義と…
介護保険
実技の勉強があります
今日は シーツの敷き方 を学びます
内容は 介護の知識・技術 医療の基礎知識 コミュニケーションのとり方や グループワークなどなど…
大丈夫？
は…はい…
そろ そろ
※認知症《にんちしょう》…脳の障がいによって判断力や理解力などが低下し、日常生活に支障をきたす状態
ケース1
Aさん 女性 83歳 認知症。
「デイサービスに行きたくない」
というAさんにどんな声かけを
するのがよいか？
バイタルサイン
（生きている証）
・体温 ・呼吸
・脈拍 ・血圧
を確認
現場ではよく使う言葉です
まず話を聞いてあげて…
…。
行きたくない 行きたくないものは 何言ってもダメよ
行きたくないんだから

実技は人との距離が近く…
立ちますよ〜
はいっ！
初めは少し とまどいました
目隠しをして 視覚障がい者の介助の訓練をしたり…
進みますよ〜
服の上からオムツをはいて排泄介助の練習をしたり…
失礼します…
いや〜ね〜
やりたくなければやらなくてもよい。
自分の排泄物も観察してみてくださいね
色
形
私は毎回チェックしてますよ〜
とってもキレイな先生
講義で記憶に残った言葉…
介護の仕事で１番大事なことはなんだと思いますか？

相手の気持ちに寄り添うことです
思いやりの気持ちです
ケアマネ
間違いではないですが1番大事なことではないです
1番大事なことはとにかく続けることです
理想や信念をもって介護の仕事を始める人ほど実際はすぐ辞めてしまう人が多いです…
こんなの違う…
理想や信念はいったん捨ててください
まずは現場を受け入れてください
身もふたもない言い方だな〜
ひえ〜
なんて当時は思いましたが今はなるほど…と思います
(左利きです)
最後に施設や訪問介護の現場で3日間の実習・見学をして無事終了
修了証明書
ホームヘルパー2級の資格をとりました
※今は現場実習はありません。

介護のお仕事始めました！

特別養護老人ホームへ！

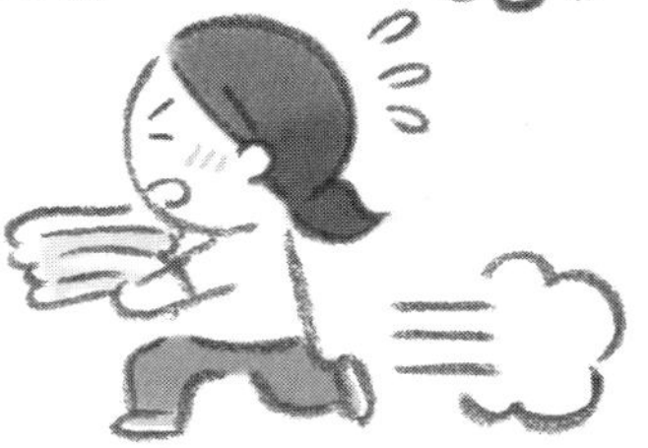

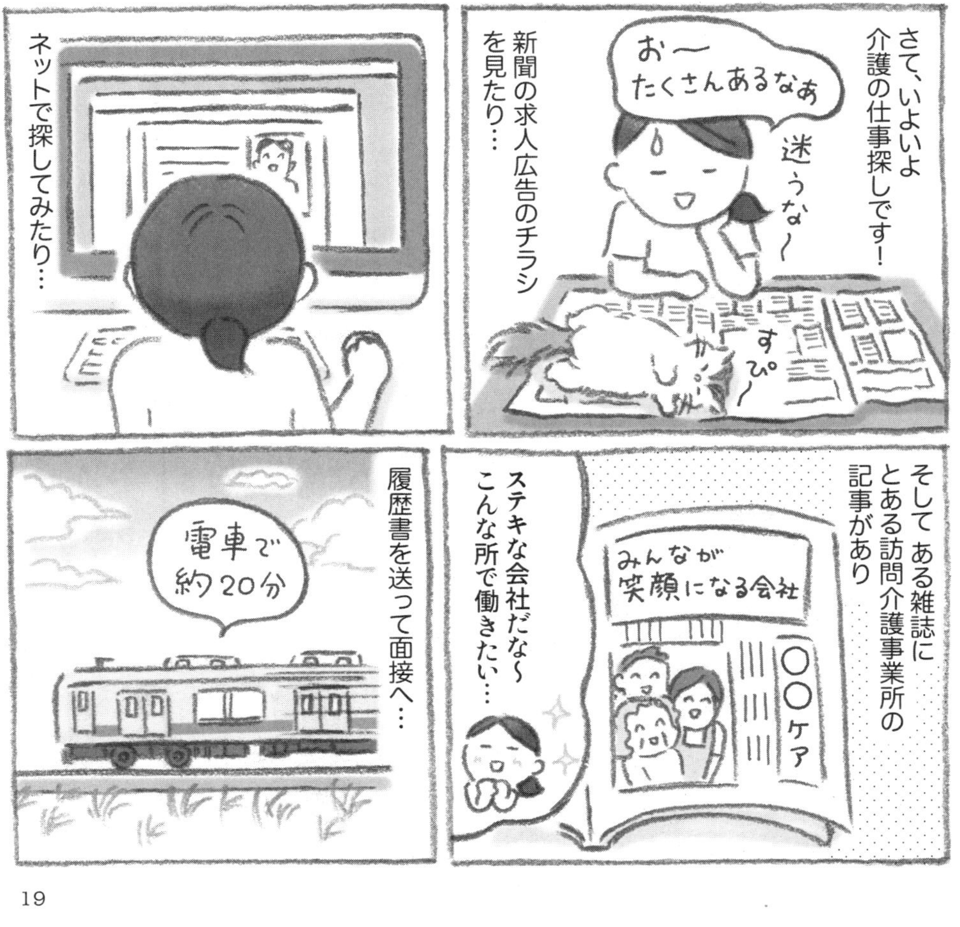

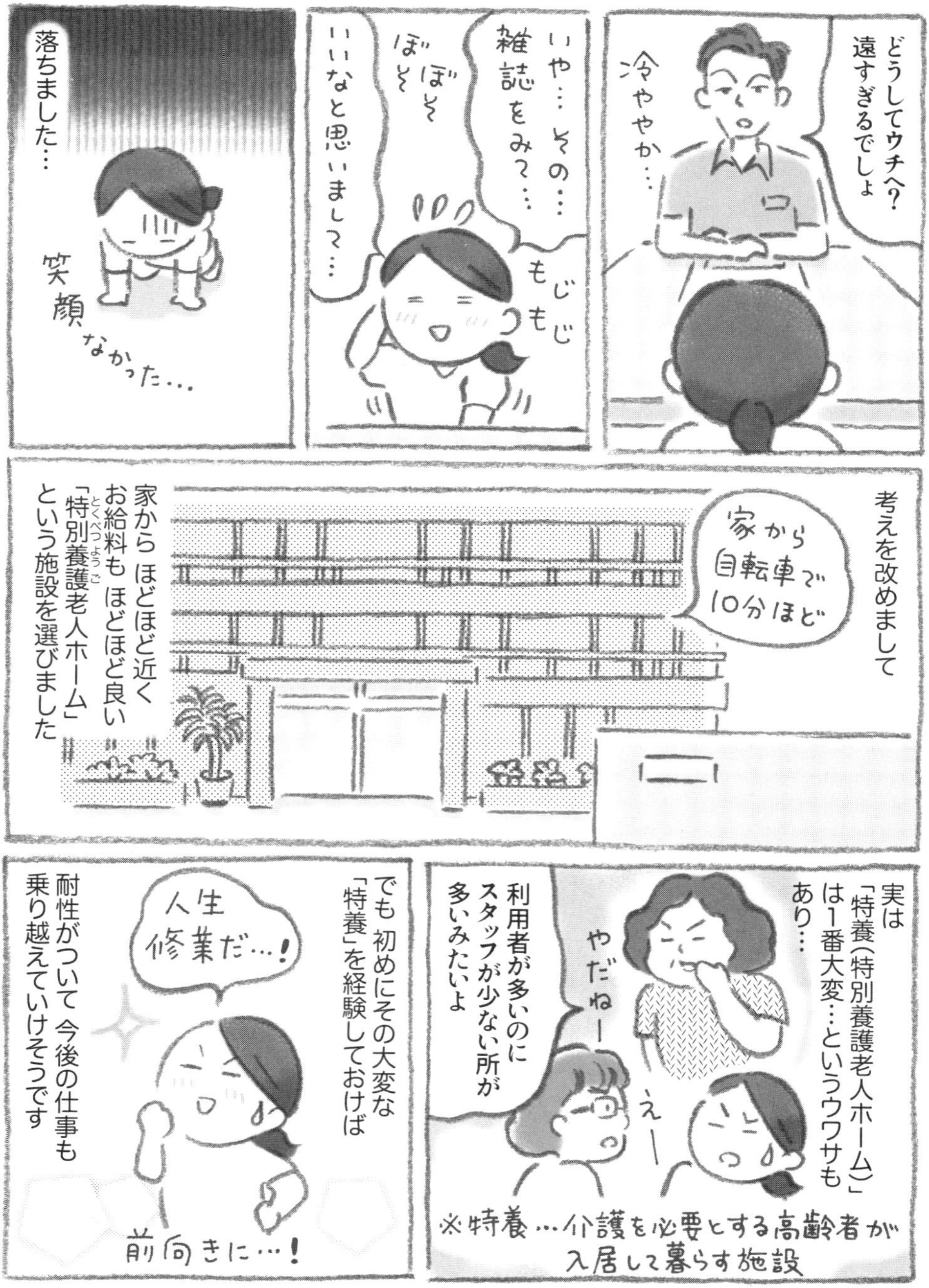
どうしてウチへ?
遠すぎるでしょ
冷ややか…
いや…その…
雑誌をみて…
いいなと思いまして…
ぼそぼそ
もじもじ
落ちました…
笑顔なかった…
考えを改めまして
家から自転車で10分ほど
家から ほどほど近く
お給料も ほどほど良い
「特別《とくべつ》養護《ようご》老人ホーム」
という施設を選びました
実は
「特養(特別養護老人ホーム)」
は1番大変…というウワサも
あり…
利用者が多いのに
スタッフが少ない所が
多いみたいよ
やだねー
えー
※特養…介護を必要とする高齢者が入居して暮らす施設
でも 初めにその大変な
「特養」を経験しておけば
人生修業だ…!
耐性がついて 今後の仕事も
乗り越えていけそうです
前向きに…!

履歴書を送って面接へ…
じゃあ 来月の1日から来てください
あっさり受かりました
よろしくお願いします
契約書にサインして渡す
半年間は絶対に辞めさせませんからね…
ふふふ…
にやっ
人が変わった!?
!?
いよいよ 介護の仕事の始まりです…!
いろいろ準備しなきゃ…!
はーー
ドキドキドキドキ
私の契約は 週2日～3日
朝7時半～夜7時の間で
7時間の勤務です
(お昼休憩は1時間)
時給は920円ほど。
(事業所によっては 介護福祉士の資格があれば 上がる場合もあります)
夜勤は無し。
ちなみに常勤の正社員になると夜勤も入ります(シフト制)
夜
朝まで
チュンチュン

まずは朝礼で
スタッフの方達にあいさつです
ツダと申します
よろしくお願いします
スタッフは
福祉の高校や大学を出たばかりの
若い人達や…
年配のベテランの人達まで 様々です
常勤は どちらかというと
若い人達が多く…
ギャル風の子もいる
非常勤(パート)は 主婦などの
ベテラン勢が多い模様
明らかに強そう…

初日は 1人のスタッフの人について回ります
とにかく見て覚えてくださいね！
はいっ
てきぱき てきぱき
トメさーん そっち行かない！
お風呂行きますよー
トイレ!? ちょっと待ってて〜
やることがたくさんあって全然覚えられない…！
今までの仕事の動き
じーっ
ほぼ固定…
あんなに早く動けるかしら…
では3階の食堂に行きます
はいっ
すたすたすた
3階ー（主に 重度の認知症の方々のいるフロア）
お姉さん〜

お姉さん〜
助けてください〜
殺される〜
ねぇ〜
ガタ
ガタ
おしっこ〜
おしっこ〜
す…すみません あちらの方がトイレに行きたいみたいで…
あと あちらの方も…
あの方達は認知症で あれが口癖なんです 気にしないでください
まず仕事としてやることを しっかり覚えてください
はい…
ニャーッ

出勤3日目ー
今日は ベッドメイキングをします
マスクをつけて 換気をする。
シーツの敷き方は わかるでしょ？
ちょっとやってみて
はい…
プレッシャー
まず シーツの中心をベッドの中心に 合わせて 広げていきます
上下のシーツを中に入れて
手の甲を上にして入れる

両サイドの角を「三角折り」にします
つまむ
90°
これが少々難しい…
手の平を当てて上のシーツをかぶせる
先に下のシーツを入れる
角がきれいな三角形になります
（こうするとシーツがずれにくくなる）
きれいにできた♪
ちょっとアンタ!!!
びくっ
!?

シーツ1枚敷くのに何時間かけるつもり!?
こんなんじゃ一生終わらないよっ
バッとひく!!
さっと入れる!!
以上!!
要はシワが無いようにすればいいの！
このペースでやらないと終わらないよ!!
はい…!
学んできたことが意味無し…
ちなみに…シーツの敷き方で大事なことは「シワが無いように敷くこと」です
寝たきりの人にとっては小さなシワでも 体に圧迫を与えることがあるそう…

2人1組でやることに…
いくよ！
バッ
さっ
はい 次!!
急いで
もっと早く！
はいっ
すたすた
続いて お昼ご飯の介助へ…
ご飯です～
自分でご飯を食べれない方を介助する。
もぐもぐ…
ごっくん…
食べ物がのどを通ったのを確認してから 次を入れます

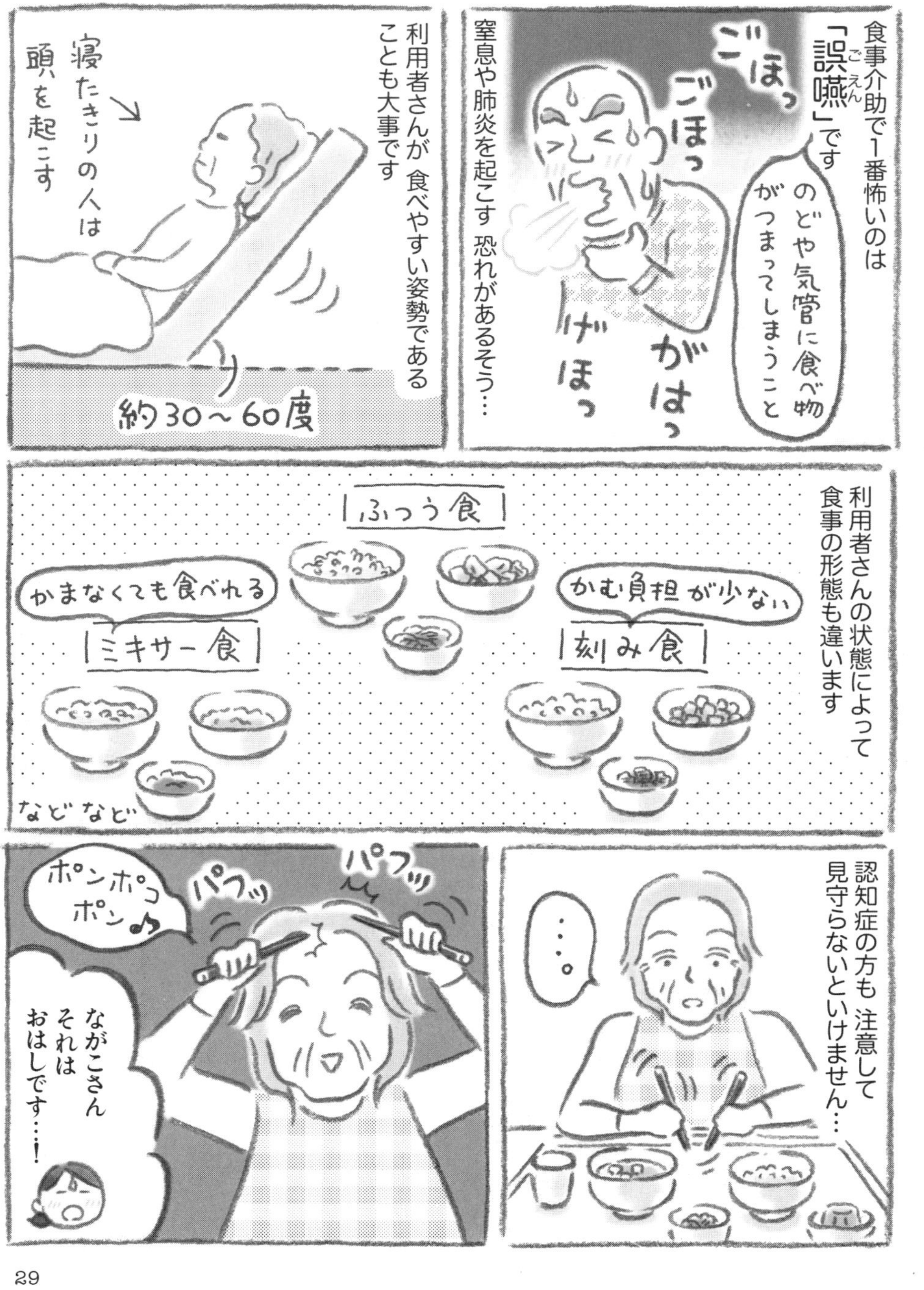
食事介助で1番怖いのは「誤嚥《ごえん》」です
のどや気管に食べ物がつまってしまうこと
ごほっ
ごほっ
がはっ
げほっ
窒息や肺炎を起こす 恐れがあるそう…
利用者さんが 食べやすい姿勢であることも大事です
寝たきりの人は頭を起こす
約30〜60度
利用者さんの状態によって食事の形態も違います
ふつう食
かむ負担が少ない
刻み食
かまなくても食べれる
ミキサー食
などなど
認知症の方も 注意して見守らないといけません…
…。
パフッ
パフッ
ポンポコポン♪
ながこさん それは おはしです…！

あんた私のパン
とったでしょ！
ぼーっ
ひ〜〜き〜〜っ
ハナさん
自分の手に
持ってるよ〜！
ぽんぽん
私ご飯食べてない
えっ
からっぽ
あれ？
でも食べてますよ〜
ホラッ
誰かが私のを
食べたんだっ！
そんなこと
言っちゃ…
ダメッ！
はっ
しまった！
ユキさん〜特別に
おせんべいあげる！
みんなに内緒よ〜
たたたた
事実と違うことを言われても
否定しない方が良いようです…

排泄介助大丈夫?

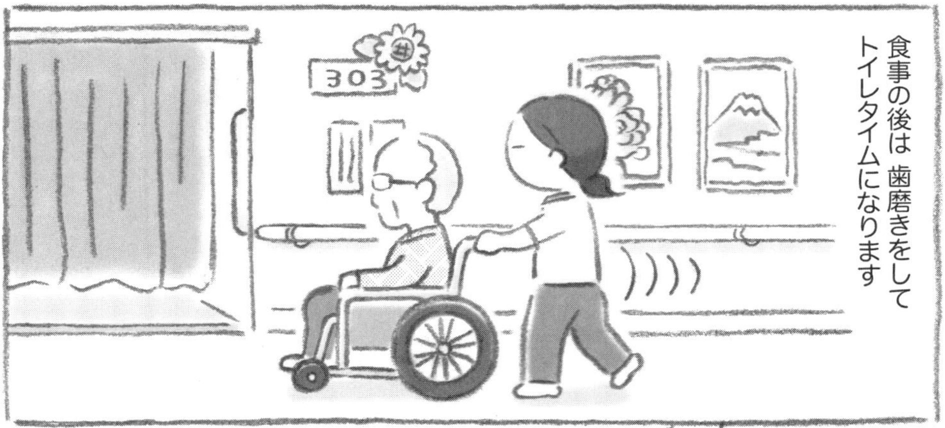
食事の後は 歯磨きをしてトイレタイムになります
303

いよいよ排泄介助です…!
きた…!
← 使用済みパッドを入れるバケツ
排泄介助用エプロン

介護の仕事をする上で
たぶん1番不安に思うこと
ではないでしょうか…
人様のものを…
できるかしら…
ヘルパースクールでも…
私そんなの絶対無理!
資格だけ取っておくわー
抵抗ありますよね…
ボクも…
ケアマネ
私も自信無い…
スクールで実際に
やることは無かったので
初めての実践です!
やー
失礼しますー
寝たきりの方は ベッド上で
オムツのパットを交換します
オムツを開いて…
シャワーボトルで陰部を洗い
清拭用タオルでふきます
汚れがひどい時は
(手袋をした)手で直接洗う。

横になってもらい…
腕を組み
ひざを立てて
もらうとやりやすい
お尻の方も洗って タオルでふき…
パットを新しいものに交換します
仰向けになり
まん中がズレないように…
オムツを閉じて
ズボンを直して終わりです
男性の場合は さらに小さいパットで
先をくるむと漏れにくいそう
巻きつける
じゃあ
やってみてください
はいっ
失礼します…！

実際にやってみると 難しかったり…
!?
重い…!
中途半端に横向きだと
お互いに苦しいので
すみません…!
いたたた…
しっかり横向きになって
もらった方がいいですよ
では 失礼します!
ガンッ
えいやっ!!
痛い~
す…
すみません!!
次の利用者さんは
お腹を壊していたらしく
ふいても ふいても
お尻から出てきたり…

ブゥ
ブプ
顔を近づけすぎていた
自分が悪い
排泄介助が終わると
お昼休憩です
ヨロ…
おつかれー！
ご飯いこー
食欲が出てきません…
……。
…みんな 排泄介助が
終わってよくすぐに
ご飯が食べられるな…
もんもん
わいわい
臭いと光景が
頭から離れない…

…………。これは…
…無理かも…
…なんて思っていましたが
何回かやるうちに 慣れてきて…
お腹すいた…
1ヶ月後には 気にならなくなりました
わい わい
初めは新鮮で
脳が敏感に反応していたのが
だんだんマヒしてくるのかも…？
そして利用者さんとも
慣れ親しんでくると…
悪いわねぇ…
全然です！
その人の排出したものだと思うと
抵抗も少なくなっていくのかも
しれません
利用者さんだって
人に見せたくない部分を見られる
のは イヤなことでしょう…
私のモノをよく見なさい
たまに見せたがる人もいますが…。

結論
慣れってすごい…
パッド
排泄介助は慣れます…！
でも道に落ちているモノはふつうにイヤです…
排泄介助に慣れたのにはもう1つワイルド(？)なエピソードがあります
失礼します
こちらセツさん
待ってた
こんにちは〜
脳梗塞《のうこうそく》から寝たきりになり重度の認知症がありました
お姉さんのことずっと待ってた
あれ待ってましたか

もっと
近くに来い
女性です…
もっと近く!
?
こうですか?
すっ
びちゃっ
!!??

ぐい〜っ
いたたた
ぐい〜
ぐい〜
セツさん今からお尻キレイにするから！ちょっとやめて〜っ！
ぷ〜ん
早くしろっ！バカッ！
便が出て気持ちが悪く気が立っている。
ぷ〜ん
絶望
よろ…
うわっ!? セツさんにやられた？
早く洗っておいで〜!!
洗礼うけたね〜！
ぷ〜ん
はい…
はい…
もう全てがどうでもいい…
この1件からふっきれて心強くなりました…

心のかっとう…

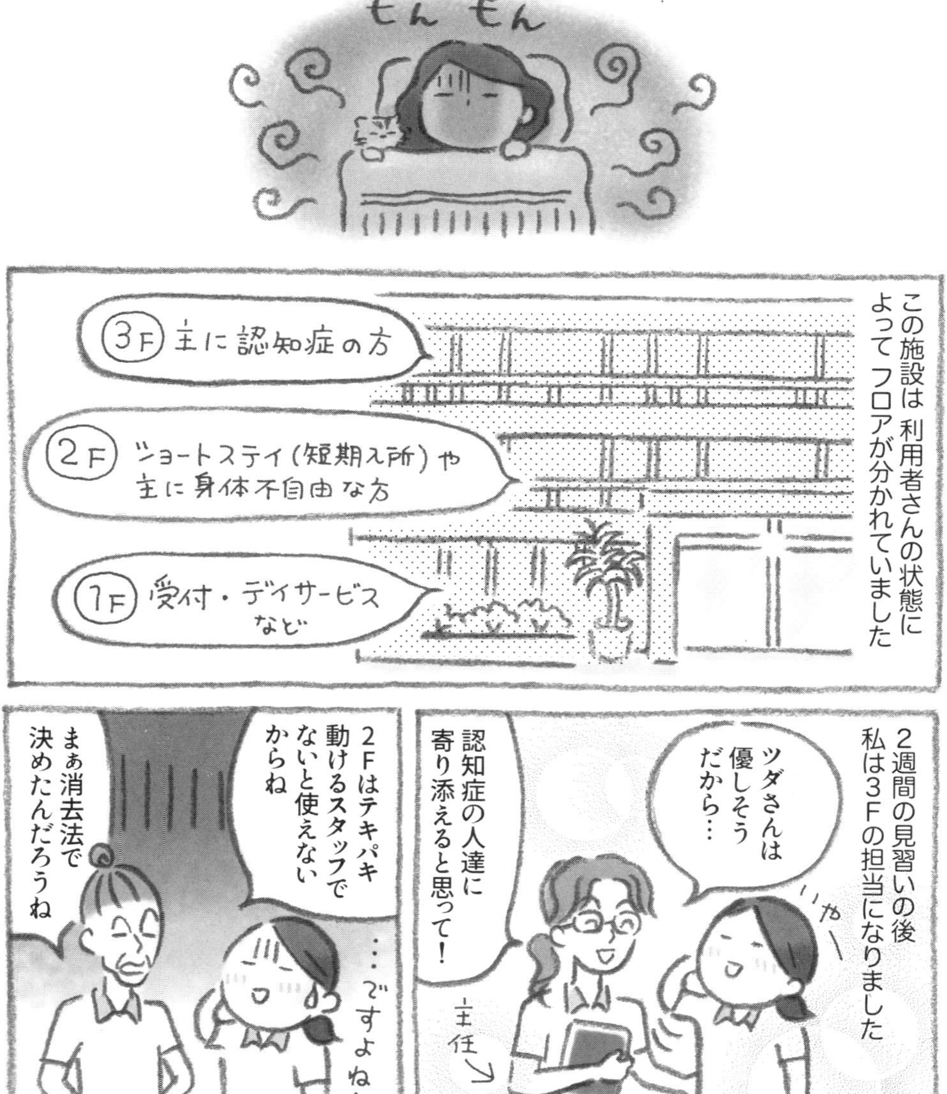

もんもん
この施設は 利用者さんの状態によって フロアが分かれていました
3F 主に認知症の方
2F ショートステイ(短期入所)や主に身体不自由な方
1F 受付・デイサービスなど
2週間の見習いの後 私は3Fの担当になりました
ツダさんは優しそうだから…
認知症の人達に寄り添えると思って!
いや〜
主任
2Fはテキパキ動けるスタッフでないと使えないからね
…ですよね…
まぁ消去法で決めたんだろうね

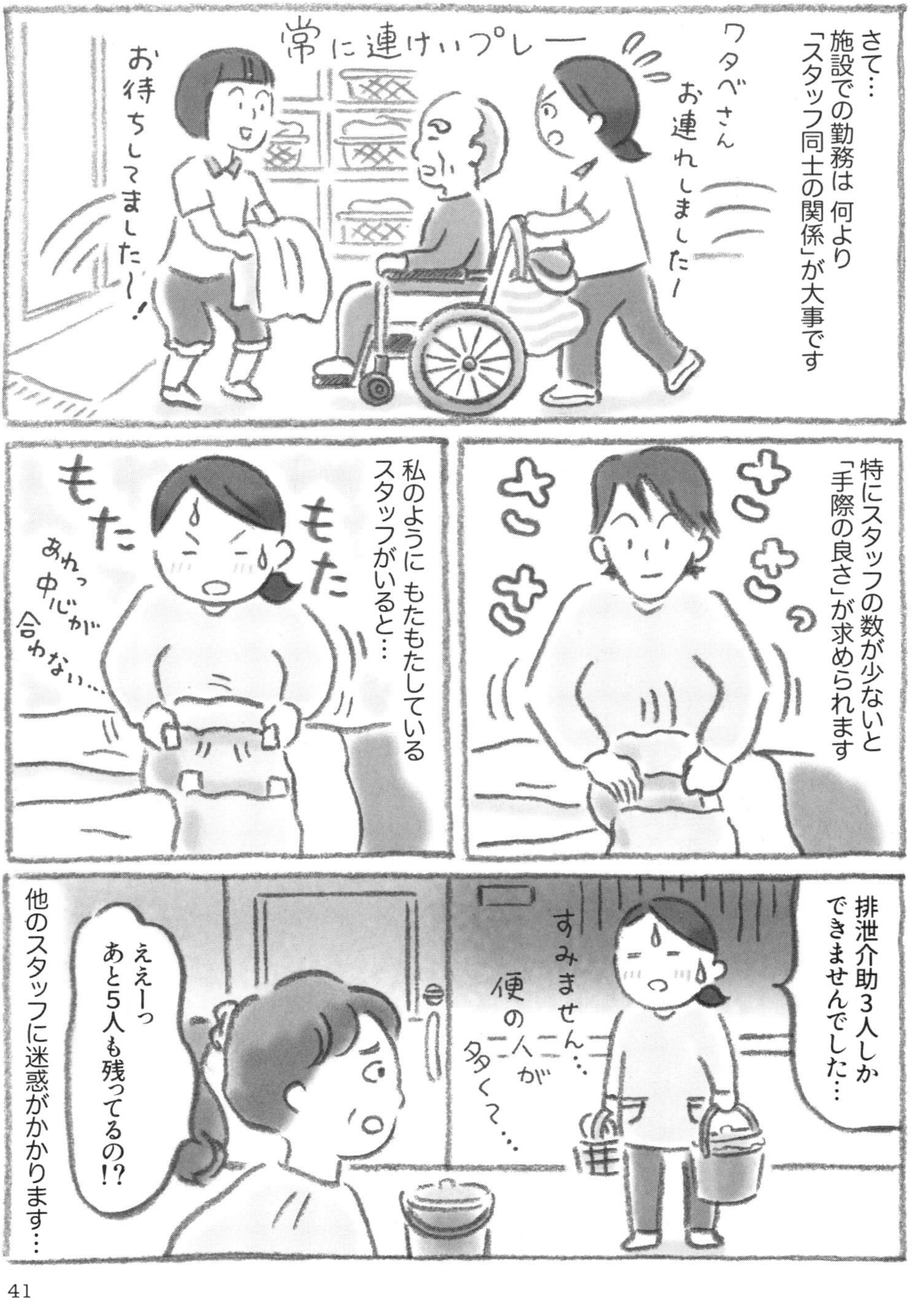
さて…
施設での勤務は 何より
「スタッフ同士の関係」が大事です
常に連けいプレー
ワタベさん
お連れしました〜!
お待ちしてましたー!
特にスタッフの数が少ないと
「手際の良さ」が求められます
ささっ
ささ
私のように もたもたしている
スタッフがいると…
もた
もた
あれっ
中心が
合わない…
排泄介助3人しか
できませんでした…
すみません…
便の人が
多くて…
ええーっ
あと5人も残ってるの!?
他のスタッフに迷惑がかかります…

夜、家にて…
もん
もん
もん
いや…
でもさ…
私だって…
ただもたもたしている
訳ではないんだ…！
言い訳タイム…
すぴー
ねぇ
ポンタ…！
利用者さんのことを考えて
ケアすると どうしても時間が
かかることだってある訳で…
ゆっくりで
大丈夫ですよ～
う～ん
でないわ…
もん
もん
すごく作業の速い人は
手際は良いけれど…
ぐるんっ
利用者さんを
まるで荷物のように
扱う人もいる…
もん
もん
そんなやり方は
自分はしたくない…！
ちょっと
ポンタさん…
聞いてよ…
それじゃあ
介護の仕事を始めた
意味が無い…！

介護の仕事を始めてみてこんな心の葛藤をもつ人もいるのではないでしょうか…
ほろり…
私のように繊細な人は特に…
自分で言う
人のケアに携わる人って穏やかな人が多いのかと思っていましたが…
イメージ
ほわわん…
意外と強者が多い気がします…
(事業所にもよるかと思いますが…)
言い方のキツイこと…
あの〜
ミエさんの枕がですね…
もごもご
は？
何言ってんの？ハッキリしゃべってよ！
イライラ
キツイこと…
ちょっと〜！ダマができてるじゃん！何やってんの!?
しゃかしゃか
トロミ
水分にトロミをつけている
休憩中
わははは
くっ…

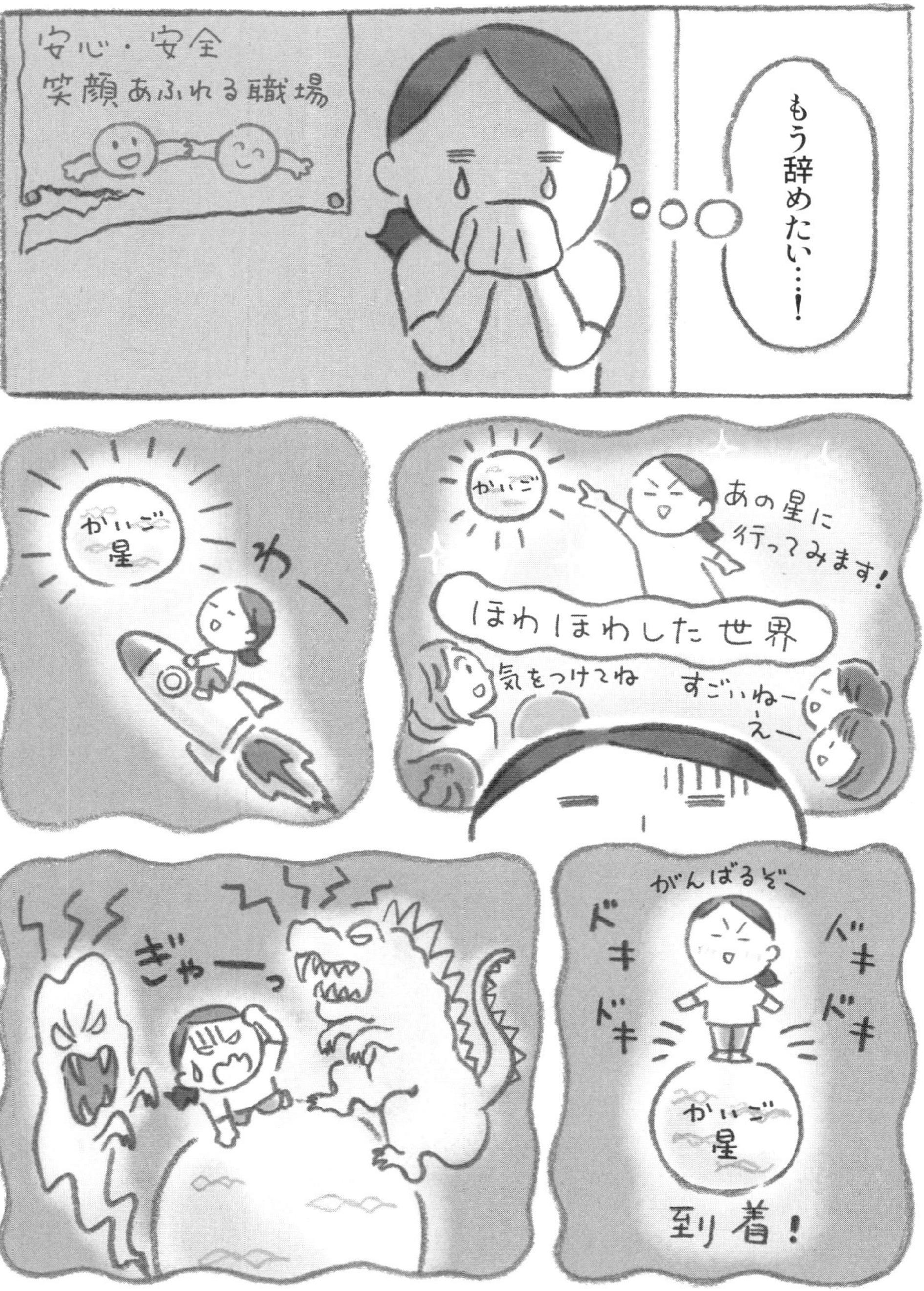
安心・安全
笑顔あふれる職場
もう辞めたい…!
あの星に行ってみます!
かいご
ほわほわした世界
気をつけてね
すごいねー
えー
かいご星
わー
がんばるぞ～
ドキドキ
ドキドキ
かいご星
到着!
ぎゃーっ

心のかっとう…

思っていたのと
違う…
もう帰りたい…！
でも…
まだ来た
ばっかりで
もう帰るのは
かっこ悪い…
気がする…
それに…
ここで逃げたら
さらに自分に
自信をなくしそう…
せめて
6ケ月は
なんとか
耐え抜き
たい…!!
もんもんとしながら…
時に涙をふきながら…
ぐぉーっ
1ケ月… 2ケ月…
と耐えていきました
(ホントは言いづらくて
辞めます、と言えなかっただけ…)

わかりあえる同僚も出てきました
私もトイレで泣いてましたよ～
言い方キツイですよね～
やっぱり！
何の話？
コソコソして…
天気の話です…
いや～
やっぱり雨みたいで…
ちょっと余裕も出てきたり
気づいたら結局3年半働き続けました…！
うお～
慣れてきたら居心地よくなるもので…
今ふり返ると…
初めの頃の自分は甘かったなぁ…と思います
結局 仕事が全然できなかったから
そのくせ言い訳も多かった…
○○さんが～だったので…
キツイことを言われていた訳で
また 自信が無くて常にビクビクしていたため
びくっ
さらに言われやすかったように思います

同じような新人のスタッフでも
黙々と仕事をこなす人は
それほど言われない訳で…
ささっ
キツイことを言われたのは
言われるだけの要素も
あったからなのかもです…
ひ〜
…なので 今 自分が当時の自分に
アドバイスをするとしたら
わしっ
余計なこと考えずに
初めはとにかく仕事を
できるようにすること！
まず それから！
…と言いたいです
ひ〜
…でも
どうにも理不尽で
おかしな所だったら
さっさと
辞めた方が
いいです…
自分も
大切に…！

職場に慣れてきても非常勤スタッフの中に特に怖い存在の人がいました…
ボス中のボス
常にイライラ気味…
タカコさん
スタッフもみな怖れていて 意見できる人は ほとんどいませんでした
目をつけられたらしつように攻撃されるからね…
ねー
私も 機嫌を損ねないよう常に気を遣っていました…
スリスリ
ある日…
げっ
今日タカコさんと風呂担当…!!
シフト表
いやだな…
大丈夫かな…
何事もないといいけど…
そして事件は起きました…

心のかっとう…

無理な姿勢で移乗《いじょう》介助をしたため…腰を痛めてしまいました（幸い大事には至らず…）
……。
ヨロ…
※移乗《いじょう》…乗り移りの動作のこと。
タカコさんっ
休憩室
ぱあああぁん
移乗《いじょう》介助の時はタイミング合わせてください！
腰痛めたじゃないですかっ!!
心のブレーキがはずれる…
…あらそう…
ごめんね
大丈夫?
あはい…
謝ってくれた…
大丈夫です
これをきっかけに タカコさんとだんだん仲良くなるのでした
たまには本音で言ってみるものです…

認知症の方々との出来事…

パン
ちょっと
パン
こちらへ来てください
パン
どうしました？
本日…
私の息子が都知事に当選しました
えっ…
いつの間に…おめでとうございます…！
ウチの息子は東大です
私の次男は文部科学省の大臣ですの
わ〜みなさんすごぃ…
みんな自分の理想を語っているだけだから
息子さんもプレッシャーよね…
やっぱり…

認知症の方々との出来事…

そして一周…
食堂
きたっ…
こんばんは〜
こんばんは〜
ぞろ ぞろ ぞろ
…これが何周も続きます
どうも〜
こんばんは〜
この行動は「夕暮れ症候群」などと呼ばれ 帰宅願望の症状からくるようです
ここは私の家じゃない…
帰らなきゃ…
夕飯作らなきゃ…
原因は 慣れない環境への不安にあるそう…
自宅にいても この症状が出る人もいるそう…。

認知症の方々との出来事…

常に不安な気持ちを抱えているので
とにかく安心できるような声かけを…
不安
なので…
①話を聞いて否定せず受けとめる。
なるほどー
そうですか
②別の話題をふったりして気をそらせる。
そういえば…
あれは…
…がケアの基本となります
「物盗られ妄想」というのもあります…
ヒソヒソ
うちの娘に財布を盗まれたっ
えっ
それは大変…!
たいてい1番身近な人が疑われたりする…。
こういう場合でもひとまず話を聞いて
お部屋にあるかも…
一緒に探してみましょう
一緒に探したりして寄り添うことで落ち着いてくることもあります
「必ずこうすれば大丈夫」というものでは無いので
機嫌の悪いセツさん
おまえはヘタでブスでバカだ!
…そうですね
臨機応変な対応が求められます…

認知症の方々との出来事…

そして こちらはハルさん
ハルさん こんにちは〜
何度か脳梗塞をおこし 寝たきりの状態が続いています
重度の認知症もありました
殺してください…
ぐげ〜
殺してください〜
ぐぐぐ
やめて〜
ハルさん 私が死にそう…！
けっこう力が強い
殺してください〜
そんなこと 言わないで…！
殺してください〜
殺してください〜
殺してください〜
この言葉はさすがに否定します…
口ぐせのように出てくる言葉に どう声をかけてよいかわからず…

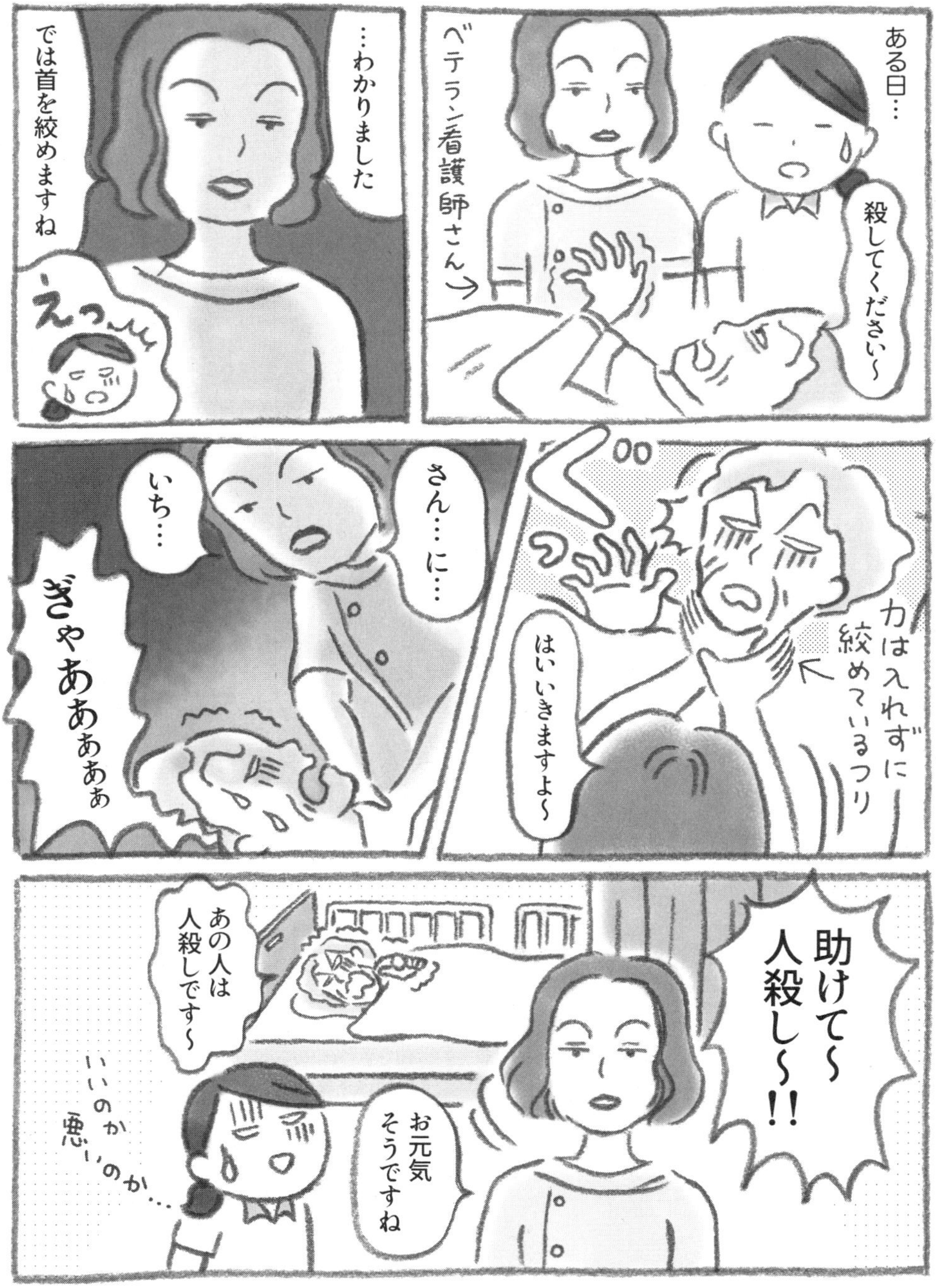
ある日…
ベテラン看護師さん
殺してください～
…わかりました
では首を絞めますね
えっ
はいいきますよ～
力は入れずに絞めているフリ
さん…に…
いち…
ぎゃあああぁぁぁ
助けて～人殺し～!!
あの人は人殺しです～
お元気そうですね
いいのか悪いのか…

こちらフジタさん
キョロ
キョロ
ねぇうちのダンナ知らない？
ずっと探してるんだけどいないのよ
そうですか…
ダンナさんは3年前に亡くなりましたよ～
パニックになることもあるのでこういうことはあまり伝えない方がよい…
と言われている
えっ
そうなの!?
なんだ！どおりで探してもいないわけだよ
はははは
笑ってる…
タブーとされている対応も時には有効(?)なのでした…

認知症の方々との出来事…

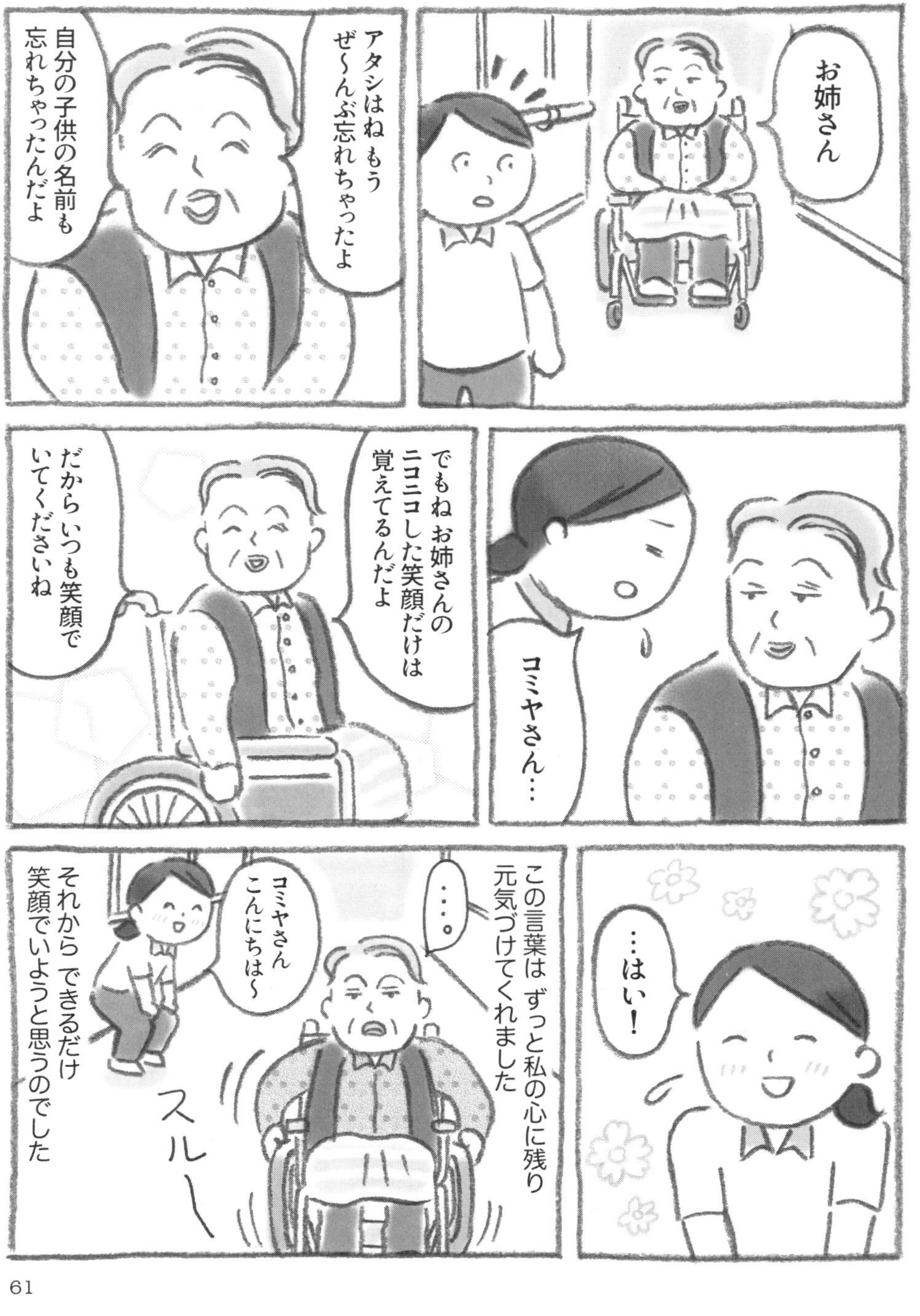

性にまつわるお話。。。

ミカワさんによる「男性のおとし方講座」
ミカワさんは 何十年も某高級ホテルで働いていたという(自称)とても上品な女性です
あたしはね 男に不自由したことがないんだよ
どうやって男をおとすか知りたいかい？
ムフフ…
そりゃあ まぁ…
聞きたい〜 教えて！

パンツをはかないで公園のベンチに座るんだ
ノーパン
えっ…
そして男が来たらガバッと股を開く
ガバッ
たいていの男はこれでイチコロだよ
なんという お下品な…
捕まるでしょ それ…
どこまで本気か わかりません…
再びミカワさん
ヒソヒソ
お姉さん ちょっと…
ヒソヒソ
お金やるからさ… 夜あの男を部屋によこしてちょうだいよ
さわやかなスタッフのK君
えっ

夜になるとさ…
体がうずくんだよ…
三千円払うからさ……
もぞ
もぞ
なに言ってるんですか…
ダダメですよ！
私にそんな
権限ないし…
なんだい…じゃあ
あっちはどうだい
二千円で…
あれは課長…
ちょっと…
ダメですってば…
値段下がってるし…
ミカワさんは
「軽度の認知症」がありましたが
なんでもいいから
男をよこして
ちょうだいよっ
もぞ
もぞ
もともとの性格…？
どこまでが認知症ゆえの発言
だったのか よくわかりません…
女性ではミカワさんのように
性的欲求をハッキリと
伝えてくる方は少ないですが
男性は多いです

男性の利用者さんからの
セクハラ的な発言に
入浴後の着替え中
初めはとまどいました
私のモノを
よ〜く見なさい
えっ？
大きいだろう
触ってみなさい
ホラ…
か〜〜っ
ちょ…ちょっと…
やめてください…！
ずいっ
なにやってるの
タカコさん…
じーっ
こんな
みすぼらしいもの
…フン
人に見せんじゃないよっ！
べしっ
早く
しまいな！
いたたっ

…そう このオドオドした態度が
チューッ
ぎゃ
余計に相手をエスカレートさせてしまうみたいで
淡々と動ぜず
はい 横むきまーす
私のモノを…
ぐいっ
あまり反応しなければよいのでした…
…これも何度か経験するうちに慣れてきました
チュー
すいっ
おっぱい… おっぱい…
タカハシさん ご飯行きますよ～
…それにしても男性は
真面目そうな人でも…
もそ
もそ
年を重ねてもムラムラ(?)としている方が多いです…
そういう性質なのかも…？
そして当時 認知症フロアの男性は元大学教授や学校の先生だった人が多かったです
ぴしっ
たまたまだったのかは わかりません…
もしや色々ガマンしていたものが発散されているのかしら…

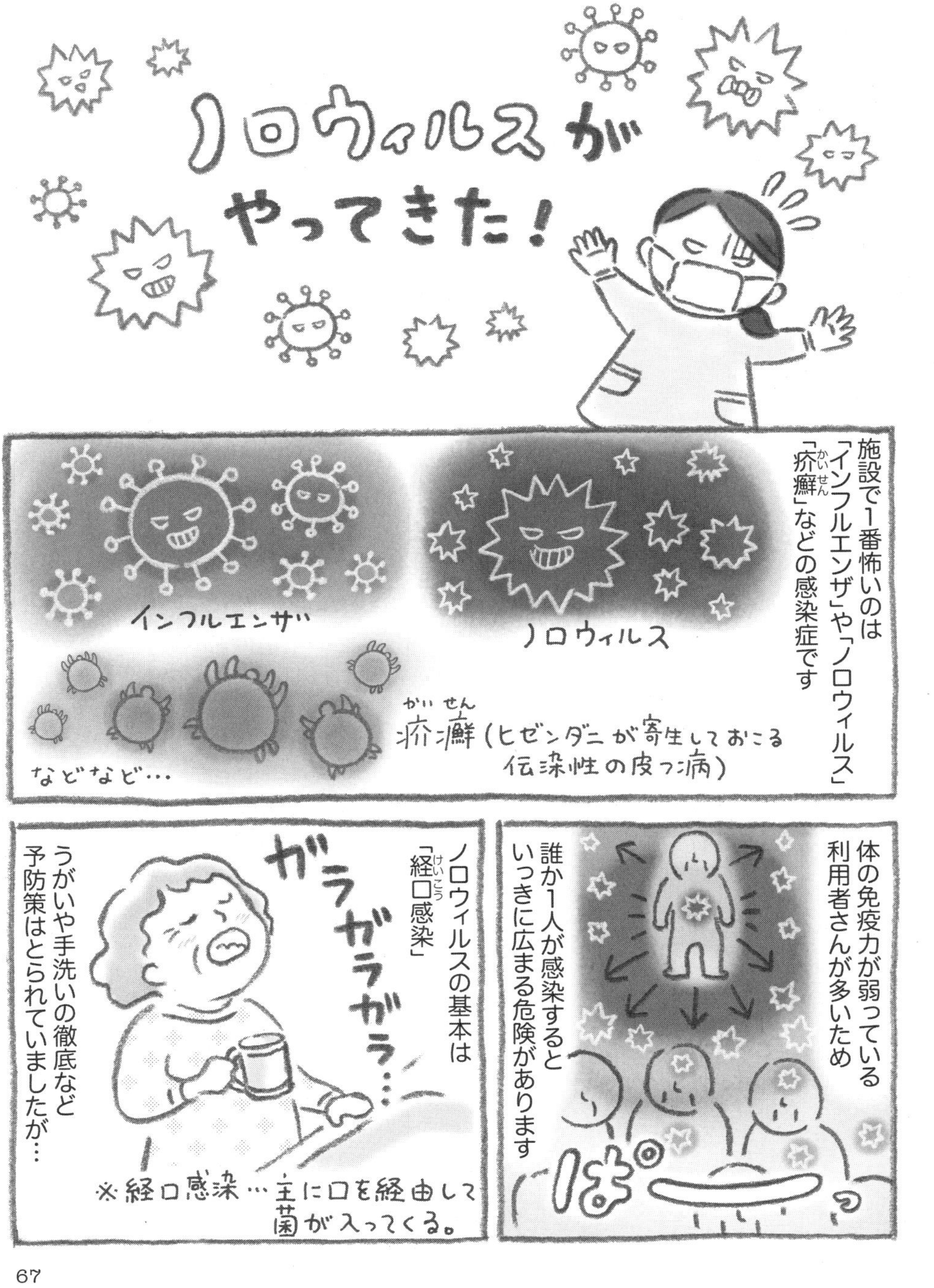
ノロウィルスがやってきた！
施設で1番怖いのは「インフルエンザ」や「ノロウィルス」「疥癬《かいせん》」などの感染症です
インフルエンザ
ノロウィルス
疥癬《かいせん》（ヒゼンダニが寄生しておこる伝染性の皮フ病）
などなど…
体の免疫力が弱っている利用者さんが多いため
誰か1人が感染するといっきに広まる危険があります
ぱ──っ
ノロウィルスの基本は「経口《けいこう》感染」
うがいや手洗いの徹底など予防策はとられていましたが…
ガラガラガラ…
※経口感染…主に口を経由して菌が入ってくる。

どこから菌が入ったのか
1人の利用者さんが感染してしまい
ゴフッ
同じ部屋にいた利用者さんなどに
広がってしまいました
ウィルスに感染した利用者さんは
一時的に隔離《かくり》されます
ドン
ドン
ドン
かわいそうだけど
しょうがないわね…
(家族の了解も得ます)
そんなある日…
あれ
常に着けていたマスクを
たまたまはずしたところ
よしえさん
おトイレですか？
ヨロ ヨロ
お手伝いしましょうか
こちらへ…
ピタッ
!!?
ゴフッ

!!
!!
!!
あわわわわ
ワーカー室
くるっ
!!
ちょっ…
さっ
ツダちゃんファイトー!!
ボンッ
!?
よしえさん ちょっと待っててね…
ゔゔ…
ゾンビにかまれた人のような気分…
しゅっ
しゅっ
キョロ
キョロ
塩素系漂白剤(ノロに有効)

手伝うよ
すっ
そんな無防備で…!!
えっヒルタさん!
よしえさん着替えましょうかね
あ…ありがとうございます…
でもヒルタさんまでギセイに…
ヒルタさんはマイペースでちょっと不思議な人でしたが
勤続10年!
一匹狼《おおかみ》風…
いざという時にとても頼りになるのでした
おう吐《と》物は菌が広がらないように… 漂白剤をかけてペーパータオルなどでふきとり
二重のビニール袋に入れて捨てます
汚れた衣類も 薄めた漂白剤に浸けてから洗濯します
よしえさんは隔離部屋に…

そして私も… その日の夜から
高熱と激しいおう吐をくり返し
ゴフ…
5日間寝込みました…
水を飲んでも
吐いてしまう…
1週間後 職場に復帰…
おはようございます
げっそり
やだ！
骨と皮だけじゃん！
職場もひどい状態で…
結局あれから 私以外のスタッフも
次々感染してしまい
利用者さんも
たくさん隔離されていました…
食堂
えらいこっちゃ…
あっ…ヒルタさん…！
大丈夫でしたかっ…!?
私？ 大丈夫
こういうの強いのよ
重体になるような利用者さんも出ず
ひとまずなんとか
この苦境を乗り越えましたが…
常に
どこ吹く風…
ヒルタさんについては
いまだにミステリーです…
こういう人が実は1番強いのかも…。

人が亡くなった時。。。

ある朝 出勤すると
ゔゔゔ
ひっく…
ひっく…
スタッフの女の子が泣いていました
ど…どうしたの!?
ううっっ…
大丈夫!?
ひっく…
ひっく…
えっ…警察…!?
ひっく…

人が亡くなった時…

この子の夜勤中に…
カトウさんが心臓マヒを起こして亡くなったのよ…
…カトウさんにナースコールで何度も呼ばれていたんですけど他の人のケア中ですぐに行けなくて…
お部屋に行ったらもう動かなくなっていて…
私がもっと早く行けば助かったかもしれないのに…
ぽん
ぽん
仕方ないよ！こればっかりはもう運だからさ…！
うう〜
夜勤はスタッフの人数も少なく
1人で20人ほどの利用者さんを担当することもあるそう
利用者さんが皆寝ていると落ち着いているそうですが
慣れれば夜勤の方が気楽よ〜♪
夜勤好きのスタッフもいる。
夜もずっと起きて動き回っている人がいたり…
キンコーン
キンコーン
うろうろ
(認知症のフロアは特に…)
用が無くてもナースコールを何度も鳴らす人もいるので大変なようです

ガラガラガラ
日中のケアー中に 利用者さんが亡くなることもありました
えっ シズエさん…!? どうしたんだろう…
食べ物がのどにつまって息ができなくなったらしいよ
シズエさんは病院に運ばれる途中で亡くなったそう…
ニコニコ
まんまるお顔のおデブちゃん〜♪
シズエさん…
この時も警察が入り 担当した介護職が状況を説明していました
突然死の場合は警察が立ち入るようです。
自分が担当していた時に利用者さんが亡くなるのはとてもショックなことです…
……。

こういう時こそ スタッフで励まし合います
あんまり自分を責めないようにね！
私が担当してても きっと同じだったよ〜
私も緊急事態に 直面する事がありました…
はい ご飯です
あーーん
ぐげ…
はっ
ムラタさんっ!?
ぐふっっっ
のどに何かつまったようでした
こういう場合は
背中を叩いたり…
肩甲骨の間を叩く
入れ歯ははずす
前屈みにする
ばんっ ばんっ
後ろから腕を回して みぞおちの下あたりを強く押します
ぐっ ぐっ

どうしよう…
ぐっ
ぐっ
全然ダメだ…!!
今連絡いれるから
ツダさんナース室に
連れて行って!
はいっ
わーーっ
ムラタさん
もう少しだから!!
がんばって!!
がーっ
はー
はー
がくっ
しっかり!!!
はー
はー
ムラタさんっっ!!!
顔がどんどん
青紫色に…

ナース室
すみませんっっ!!
お願いしますっっ
こっち連れてきて!!
ムラタさん口入れるよ!!
ガ〜〜ッ
吸引器《きゅういんき》
ゴ〜〜ッ
ゴガッ
わっ!!
クロワッサンだこれ…
丸呑《の》みしてたんだね
ゴホッ
ガハッ
苦しかった…
ム… ムラタさん…
ゴホッ
グヘッ

顔見た時 正直もう ダメだと思ったわよ
あと30秒でも遅かったら アウトだったね〜！
ナース室に看護師がいない ことも多いんだから！
ぽんっ
運がいいわよ〜 ムラタさんは！
がはっ
ごほっ
もう…ダメ…と思った…
今度からパンは 小さくちぎって食べてよ！
もしあと30秒遅かったら… もしナース室に誰もいなかったら…
助かって よかった…
この時のことを思うと 今でもゾッとします…
ちなみにパンは意外と のどにつまりやすいので 要注意の食品です
パサパサで水分が少ない ものは つまりやすい…
認知症の人は 丸呑みしてしまう危険も
また 一定の研修を受けた 介護職であれば痰《たん》の吸引などを 行うことができます
介護職は基本的に 医療行為はできません。

人が亡くなった時…

こちらはツギさん
いっちに～さんっし、
パンッ
パンッ
手を大きく空に伸ばして～
毎朝日課の体操
よく寝てよく食べてよく動いてよく笑う！
それが健康のヒケツよ…！
ツギさんいつも元気だよね～
私より元気だよ…
この施設で1番長生きしそうだよね
…なんて言っていたのにある日…
ツギさん昨日亡くなったって！
えっ…

心不全らしいよ…
そんな…あんなに元気だったのに…！
人っていつどうなるかわかんないもんだね～
今にも亡くなりそうな人が結構長生きしてるし…
慣れ親しんだ人が突然入院したり亡くなったりする…
らんらんらら～～ん
どうもありがとさん
タマちゃんってよんでくださいな
サンキュノベリベリマッチよ
介護の現場では よくあることです
私達だって明日はどうなるかわかんないよっ
かかかっ
タカコさんは地球が滅亡しても生きてますすよ…
これぱかりはなかなか慣れません…

施設を辞める日…

特別養護老人ホームで働き始めて約3年半…
途中で辞めてしまった…
なにかと色々ありましたがすっかりスタッフの人達ともなじんできました

ボス達に対しては 気を遣うよりも素直に本音を言った方が信用される…ということもわかりました
新しい子をいじめないでくださいね…
失礼ね！

そして フリーでやっているイラストの仕事が忙しくなってきたため…
いったん介護の仕事を辞めることにしました
仕事が多いのではなくただ描くのが遅い…
人手不足で大変な時に「辞める」と言い辛かったのですが…
あら～ そう…残念ね… まぁ本業がんばってよ！
さらりと受け入れてくれました
最後の出勤日…
ツダさん では最後に ごあいさつを…
はいっ…
夕方のミーティング
初めはツライことも色々ありましたが今ではいい思い出です
3年半で 自分もたくさん成長できましたし楽しかったです…！

施設を辞める日…

今まで
ありがとうございました！
パチ
パチ
パチ
パチ
さみしいわねぇ
遊びにきてよ〜
はい！
ちょっと
だけ…
さみしいわねぇ
チカさん…
お姉さん
辞めちゃうのかい
どうでもよさ
そうなチカさん
うぅぅ〜
利用者の
チカさん
タカコさん…！
チカさんも…
はっ
タカコさん… 体に気をつけて
新人をいじめないでくださいね
チカさん また遊びに
来ますね…！
アンタも
がんばんなさいよっ
また来てね

訪問介護へ。

老人ホームを辞めてから1年後…
今度は訪問介護の仕事を始めてみることにしました

1度 経験してみたいと思っていたことと…
イラストの仕事が少しヒマになってきたからです…
・・・。
イカン…

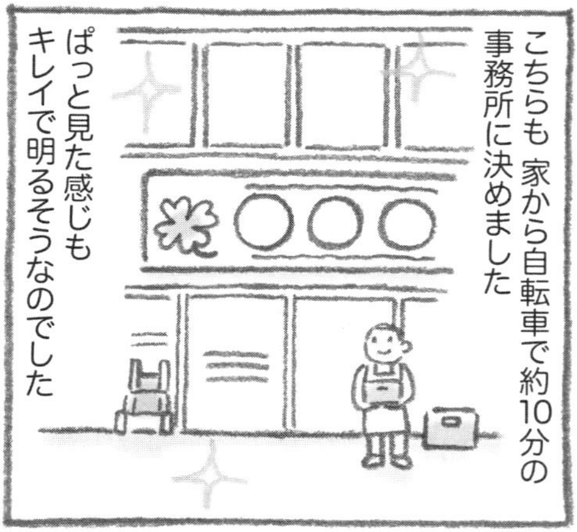
こちらも 家から自転車で約10分の事務所に決めました
ぱっと見た感じもキレイで明るそうなのでした
○○○

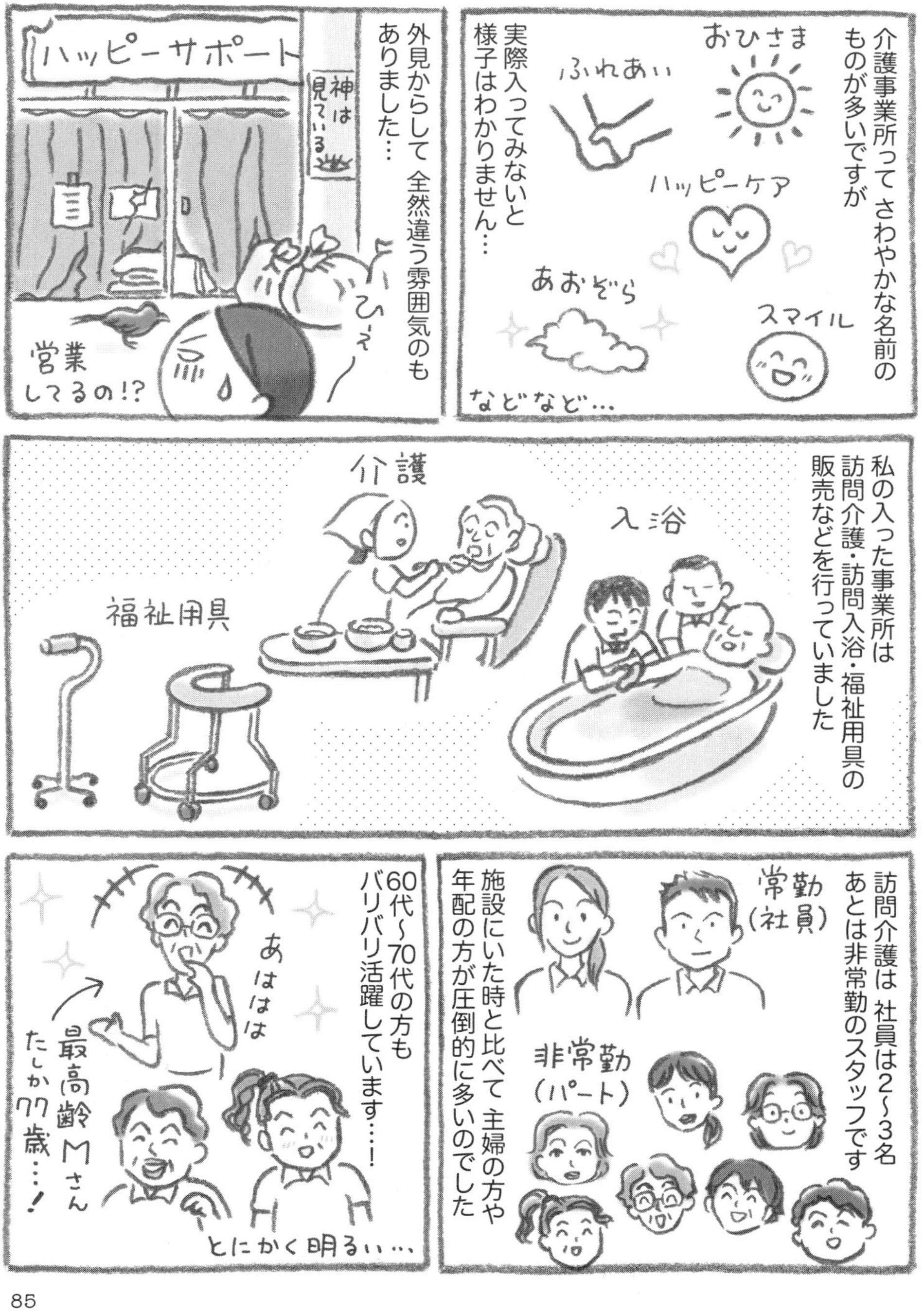
介護事業所って さわやかな名前の ものが多いですが
おひさま
ふれあい
ハッピーケア
あおぞら
スマイル
などなど…
実際入ってみないと 様子はわかりません…
外見からして 全然違う雰囲気のも ありました…
ハッピーサポート
神は見ている
ひぇ
営業してるの!?
私の入った事業所は 訪問介護・訪問入浴・福祉用具の 販売などを行っていました
介護
入浴
福祉用具
訪問介護は 社員は2～3名 あとは非常勤のスタッフです
常勤（社員）
非常勤（パート）
施設にいた時と比べて 主婦の方や 年配の方が圧倒的に多いのでした
60代～70代の方も バリバリ活躍しています…！
あははは
最高齢Mさん
たしか77歳…！
とにかく明るい…

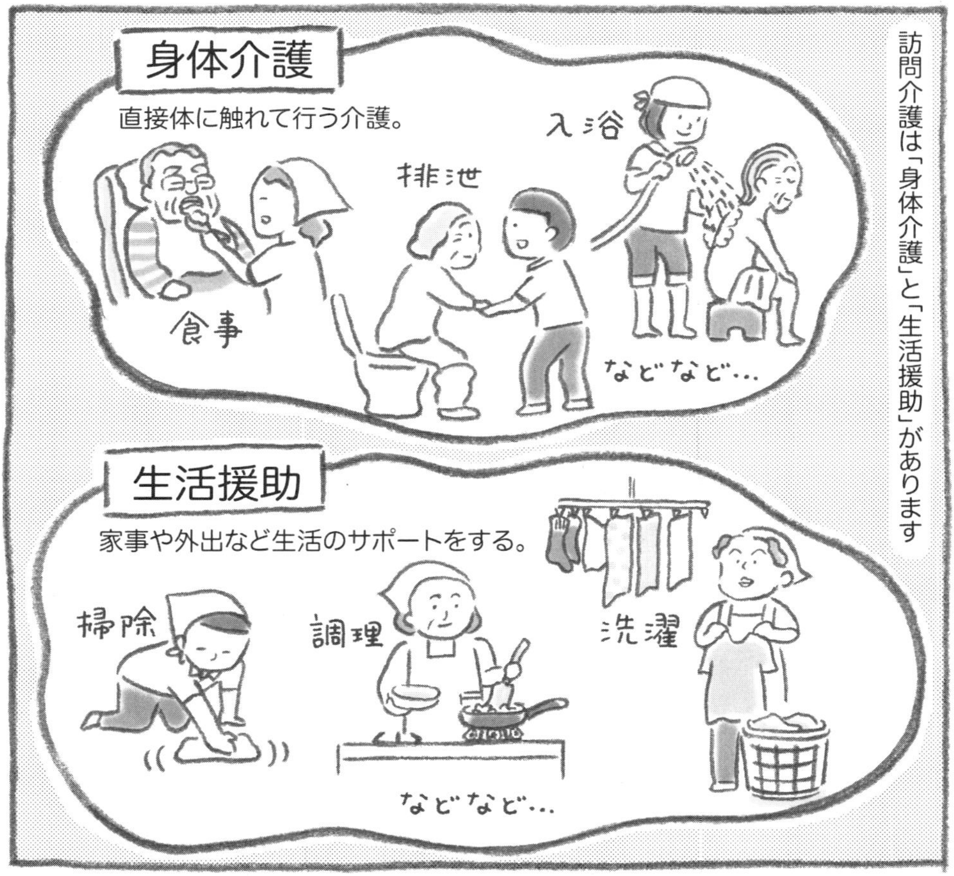
訪問介護は「身体介護」と「生活援助」があります
身体介護
直接体に触れて行う介護。
食事
排泄
入浴
などなど…
生活援助
家事や外出など生活のサポートをする。
掃除
調理
洗濯
などなど…

そして働く側にとってこの時給の差は大事なポイント…！
身体介護
約1700円～1900円
生活援助
約1100円～1300円
※うちの地域の場合。地域や事業所によって金額は変わります。

稼ぎたい人は「身体介護」の仕事を多く希望します
なにか身体の仕事あるかしら〜？
私は身体は苦手…
一方「生活援助」だけを希望する人もいます
人それぞれ…
「時給」だけでみると 結構稼げそうな訪問介護の仕事ですが…
えっ 聞いてない…
意外と「30分」の仕事も多いです（身体介護のみ）
移動時間のほうが長いことも…
行き 20分…
ケア 30分…
帰り 20分…
うちの事務所は良心的で移動代は出ます
出ない所も多い。
すり すり
なにはともあれ まずはスタートです！
自宅から自転車で片道約20分…「30分の身体介護」の仕事をもらいました
（まさに上記の残念なパターン…）

デイサービスの車が迎えに来るまでの利用者さんの見守りです
（初めの1～2回は スタッフの人が付いて教えてくれます）
〇〇デイサービス
準備を整え 家でじっと待っています
……。
テレビ
…この子供さんの写真はお孫さんですか？
……。

……。
……。
……。
…そうですか
それはいいですねぇ
どうしよう…
何を言っているのか
全くわからない…
だら
だら
だら
サトウさんは脳梗塞で何度か手術
されているためか 言葉がはっきりと
出てこないようなのでした…
ずずず…
やたらと
話かけるのはやめよう…
奥さまが用意
してくれたお茶
9:10
時間がたつのが遅い…
まだ10分しかたってない…

施設で働いていた時は
常に動き回っていたため
じっとしているのが
どうも落ち着きません…
ガタッ
……。
？
だだだだ
サトウさん!?
ぐら…
がしっ

ど…どうしました…？
ドキ
ドキ
危機一髪…
……。
ユリの花が
あ…
お庭にユリの花が
咲いていたんですね
ひとつだけ…
キレイですね…

ブルルルル…
あっ
車が来ましたよ
デイサービス
※利用者さんが自分でできることはヘルパーは手伝わずに見守ります。
準備して行きましょう
ドキ ドキ ドキ
さっきは危なかった…
何も起こらなくてよかった…！
いってらっしゃ〜い

施設では いつも他のスタッフや
看護師さんがいるので
何かあった時に頼れますが…
ガン!!
もし あのまま 倒れて
ケガしていたら…
ドキ ドキ
訪問介護は いざという時
自分1人しかいません
ドキ ドキ
そのため「いざとなった時にどう行動すればよいか」の手順が 利用者さんごとまた事務所ごとにあります
利用者さんのご家族から要望を聞いたり
ケアマネ
ヘルパーは自己判断で 勝手に行動をせず…
パニック
わ—
その手順に従うことが大事です
といっても マニュアル以外のことが起こることも多いのが このお仕事…
ピンポーン
こんにちは～
○○のツダです

1人暮らしの女性のハヤノさん
こんにちは〜
ピンポーン
いつもはすぐに出てきてくれるのですが 反応がありません
しーん
ハヤノさん？ 大丈夫ですか？
ゴン
ゴン
もしかして倒れているのかも…
…大丈夫です
今開けるので ちょっと待っててください…
わかりました
ほっ
10分後…
しーん
まだ開かない…

ハヤノさん？大丈夫ですか？
ゴンゴン
ゴン
ゴン
もしかして
ジュー
えっ…
ガスもれの音…!?
ぴたっ
ハヤノさんっ
開けてっ!!
ガチャ
ガチャッ
ど…どうしよう～
とにかく…じ…事務所に
電話しないと…!!
はー
はー
ピピピ
お疲れさまです
ツダです
今ハヤノさんの玄関前で
ご本人がちょっと待っててと
言われているんですが
ドアが全然開かなくて…
あとガスもれのような
音もするんです…!!
わかりました
ケアマネに連絡いれるので
そのまま待っていてください
はいっ…

待てって言われても…
もしかして自殺とかしていたら
…どうしよう…！
ハヤノさんっっ
ドンドン
ドン
大丈夫ですか!?
ハヤノさんっ!!
ちょっと待ってって
言ってるでしょ!!
はい…
…結局そのままケア終了の時間に
なってしまいました
どうしましょう…
今ケアマネと息子さんが
向かっているそうです。
次のケアもあるので
帰ってください
なにも
してない…

了解です…
ハヤノさん 私はもう帰りますが息子さんとケアマネさんがすぐ来るそうです！
待っていてください！
……。
…わかりました 今日はすみませんでした
いえ…
こちらもすみませんでした また来週来ますね！
一体どうしちゃったんだろう…
実は ハヤノさんは部屋で転倒しそのまま立ち上がれずにいたそう…
ハヤノさ〜ん
ゴン ゴン
ハヤノさん！
人に迷惑をかけたくない…という思いの強いハヤノさんは 私が来た時も事実を伝えず なんとか立ち上がろうとしていたようです
ハヤノさんは「大腿骨頸部骨折《だいたいこつけいぶこっせつ》」とのことで 入院になりました…
股関節《こかんせつ》のあたり

足が少し不自由だったハヤノさんのために もう少しお部屋の対策を考えることができたかもしれないと思うのでした…
電話が高い位置にあった
電気のコードなど ひっかかりやすいものが下にあった
台所の床がすべりやすかった
風呂場以外 手すりが無かった
介護用品で転倒予防のためのグッズも色々と販売されています
立ち上がり補助手すり
すべり止めマット
衝撃吸収マット
ちなみにガスもれの音は隣の家の掃除機の音だったのでは という話…
パニックになって そう思いこんでしまったのかもしれません
また 食事介助中の利用者さんが鶏肉をのどにつまらせる緊急事態もありましたが
ぐえ…
なんとか事なきを得ました…
バンッ
バンッ
バンッ
ポロッ
神よっ お助けをっ！
もはや神頼み

また 同僚のヘルパーは
1人暮らしの男性の利用者さんの家に
行ったら 首を吊って自殺していたこと
があったそう…
警察の取り調べを
受けたりしてさ…
大変だったよ
ずっと別れた奥さんや
娘さんへの恨み言ってて
死にたいって言ってたけど
まさかねぇ…
私も2回あるわよ…
家に行ったら
亡くなっていたこと…
ドキッと
するわよねぇ
2回も…！
…その現場に立ち会うことが
ありませんように…
ピンポーン
はーい
ほっ。。。
毎回 インターフォンを押しながら
祈っています…

ちょっとしたことで
あっという間に崩れることがある
信頼関係
はっはっはっ
施設では 比較的
介護職側のペース・やりかたで
仕事を進めていましたが
施設
のテリトリー
利用者さん
訪問介護では できるだけ
利用者さんのペース・やりかたに
合わせます
利用者さん
のテリトリー
介護職
慣れるまでは インターホンを
押すたびに緊張します
(利用者さんの方も
きっとそうでしょう…)
ピンポーン
ドキ
ドキ
ドキ
施設では特に スタッフ間の連携が
大事でしたが…
1対1
訪問介護では特に 利用者さん
との信頼関係が大事です

人によって 話の受けとめ方も違います
Aさんの場合
なんか足が むくんでいる気がして… 大丈夫かしら
そうですかね…
そんなにむくんでいる感じは しないですけど…
そう? じゃあよかった
ほらこっちの足… なんかむくんでない?
Bさんの場合
そうですかね…
そんなにむくんでいる感じは しないですけど…
びくっ
適当なこと 言わないでちょうだい!!
マニュアル通りにはいかない…
教科書に 載っていないこと ばかり…
ケアのきほん
自分で察して 臨機応変に 対応していかねばなりません

…そして ある日
私はやらかしてしまいました
入浴の見守り→
その日はイラストの締切日で…
ほとんど寝ておらず…(言い訳)
あるまじき行為です…
はっ
ここどこ!?
……。
ガラッ
あれっ…
ノモトさん…
どうしたんですか?

どうしたもこうしたも…
私が呼んでもあなた全然答えなかったじゃないの…
す…すみません…
聞こえなくて…
……。私は大声で何度も呼びましたよ
そうでしたか…すみません…!!
……まぁいいです着替えますね
はい!
その後普通にお話をされていたので大丈夫だったかな〜と思ったのですが…
1週間後…
大きい家に1人で住んでいるノモトさん
ピンポーン
こんにちは〜

…あれ？いつもこんな所にホウキあったかな…
はっ
逆《さか》さホウキ…!?
嫌な客が早く帰るためのおまじないと言われている…
……。
ガチャッ
…こんにちは～
…どうぞ
明らかに怒ってる…
…先週あなたが返事してくれなかったから私湯船に入れなかったでしょ
あれから風邪をひきましてね…
そうでしたか…すみませんでした…!!
今後気をつけますっ…!!

あとね… 私実はお風呂場から
あなたを見ていたの
あなた洗面所に
いなかったでしょう
え？ いましたよ…？
あの後 寝室に行ったらタンスの
引き出しが開いていたのよね…
えっ!?
そんな…
寝室なんか行ってません！
本当です!!
でも私は洗面所に
あなたがいなかったのを
はっきりと見たのよ
……。
…一度 信用できないと思われると
どんどん疑われてしまいます
ホホホ…
私はずっと 洗面所に
いましたが…
もう少し 風呂場の側に
いればよかったですね
すみませんでした
この件につきまして 主任に
報告いたしますので…
会社には
連絡しなくて結構です

物事が大きくなっても困るでしょ…
腰が痛くてつけられないのよ
それより悪いんだけどこののれんを部屋につけてもらるかしら
え？
あっはい…！
(ヘルパーは基本的にケアプランに無い事を行うことはできません…)
ここは色々と葛藤のおこるところでもある…
※ケアプラン その利用者さんに提供するサービスを決めた計画書
助かったわ！
よかったです
機嫌がよくなった…よかった…
もしまた気にかかることありましたら遠慮なくお伝えください！
こちらこそ。ありがとう
事務所にて…
ノモトさんってなにかとクレームつけてサービス以外のことさせようとするらしいから気をつけてね
そうなんだ…
はい…

強引な介助？

ぐいっ

こちらはタナベさん
何度か脳梗塞をおこし 視覚障害と重度の認知症があります
デイ

いつも 寝ているように目をつむり あまり反応がありません
介助者は「目が覚めるよう 大きな声で声かけしてください」と言われていました

タナベさん おかえりなさいーー!!
……。
タナベさん お家着きましたよーー!!
←デイのお迎えのケア
←デイサービスの送迎スタッフ

では立ちますよー！
……。
パン パン
タナベさん立つよー！
やっさ やっさ
いちにの さんっっ!!
ぐいっ
歩きますよーっ！
体重全部かかってくる…
タナベさん起きてーっ！
ぐぐっ
いっちにー いっちにー
よれ よれ…
※リハビリのため部屋まで少し歩いてもらっています。

玄関に着きましたよー!!
足を大きくあげてくださいね！
いち にの さんっっっ!!
ぐいっ
いっちにー いっちにー
バタン…
じゃあ あと お願いします～！
お部屋に着きましたーー！
ドスッ
座りますよーー！
では横になってくださいーー！
……。
手伝いますねーー！

では 失礼しますー！
ふーーっ
タナベさん いつも反応が
ほとんど無いけど
これでいいのかな…
なんか無理矢理
やっている感じ…
はっ
そこで ふと思い出したのですが
前に施設で 重度の認知症の方を
つれていこうとした時…
お食事行きますよー!!
ミエさん 早くっ
ぐいっ
いやだ～!!
ぐぐぐっ
ミエさん～っ!!

力づくで 無理矢理につれていこうとすると抵抗が激しかったけれど…
ぐぉ～
ぎゃ～
ぐぐぐっ
ミエさん お食事行きましょう
すっ
相手の動きに合わせて そっと動くようにしてみたら ついてきてくれたのでした…
"今日はカレーですよ～
……。
…！ついてきてくれる…！
これは後述「古武術介護」を習ってから自然と身についたワザ(?)です
すっかり忘れてましたが…
…確かに自分も力づくでぐいぐい来られたらイヤだもんな…
自分が尊重されていない感じで反発したくなるかも…

次の週…
タナベさん
トン トン
立てますか？
ゆっくり いきますよ…
すっ
自分で歩こうとしてくれている…！
いつもより だいぶ軽い…！

では横になれますかね…？
……。
……。
お布団かけますね
ギギーッ
タナベさん ギター
弾かれるんですか？
……。

どんな音楽を
弾くんですか？
ジャズ
えっジャズ!?
どんな曲ですか…!?
意外…！
……。
タナベさんとの会話は
それ以上続きませんでしたが…
イメージ
その一言で
ちょっと心繋がれた感じがして
嬉しかったのでした
こんな感じ…？
この後 同じようにやっても
上手くいく時と いかない時
とありましたが…
ご本人の体調や
気分にもよるかと…
結局 そのほうが
こちらも負担が少ない…
力強く 強引にいくよりは
相手に寄りそって 行動する方が
こちらも楽だと気づきました

番外編！ 古武術介護ってなに？

…って聞いた事
ありますでしょうか？
古武術
介護
なんかすごそう
ですが…
古武術を基にした 体の動き方で
介護をすると 体への負担が
少ないそうです
すっ
(イメージ図)
日本古来の武術は
「筋力に頼らず
体に負担をかけない」
動き方をしているそうで…
ガチ
ガチ
部分的な
固い動き
リラックス〜
全身を使った
柔軟な動き
「少ない力で大きな力を出す」
ことができるそうです

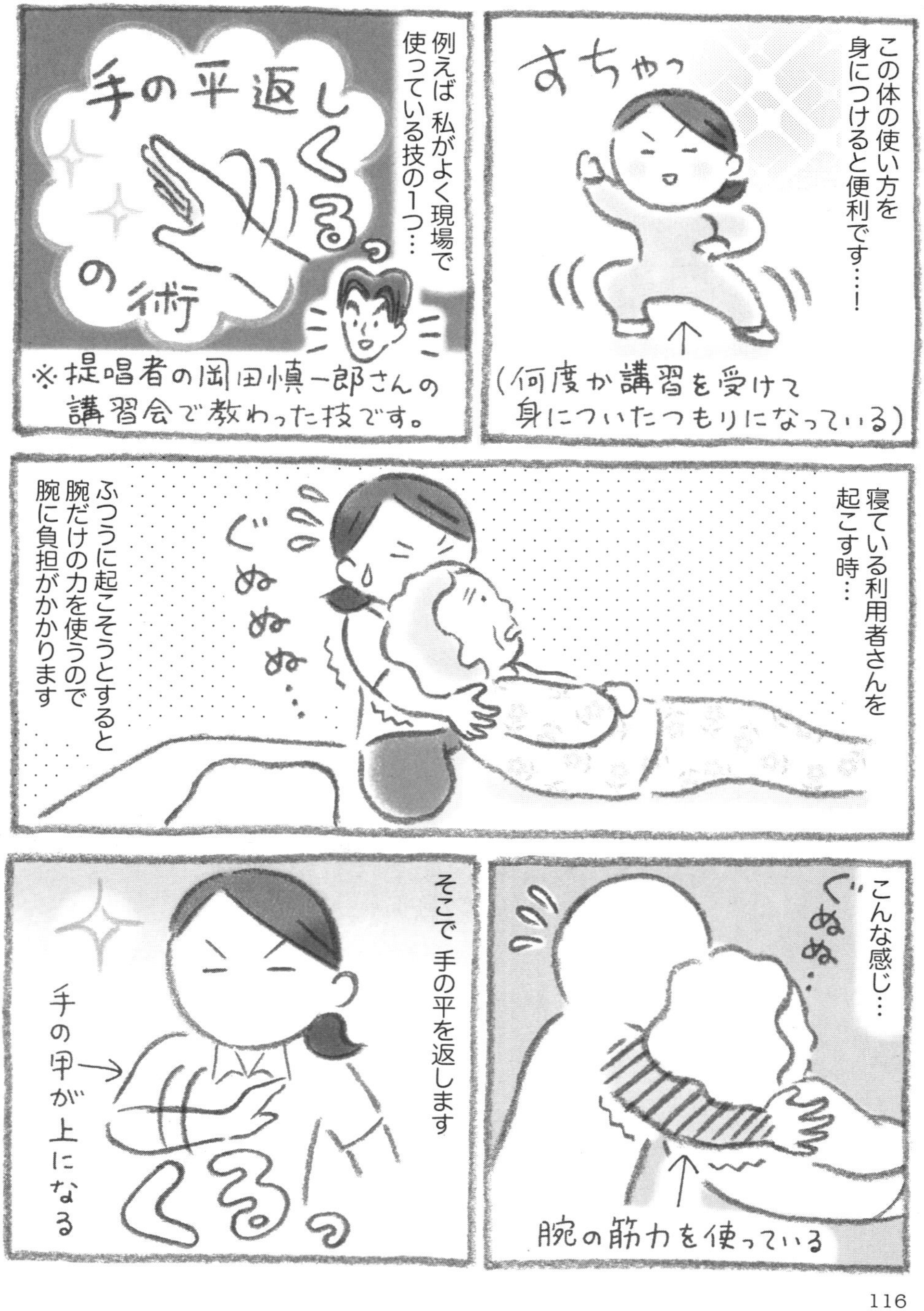
この体の使い方を身につけると便利です…！
すちゃっ
（何度か講習を受けて身についたつもりになっている）
例えば 私がよく現場で使っている技の1つ…
手の平返しくるっの術
※提唱者の岡田慎一郎さんの講習会で教わった技です。
寝ている利用者さんを起こす時…
ぐぬぬぬ…
ふつうに起こそうとすると腕だけの力を使うので腕に負担がかかります
こんな感じ…
ぐぬぬ…
腕の筋力を使っている
そこで 手の平を返します
手の甲が上になる
くるっ

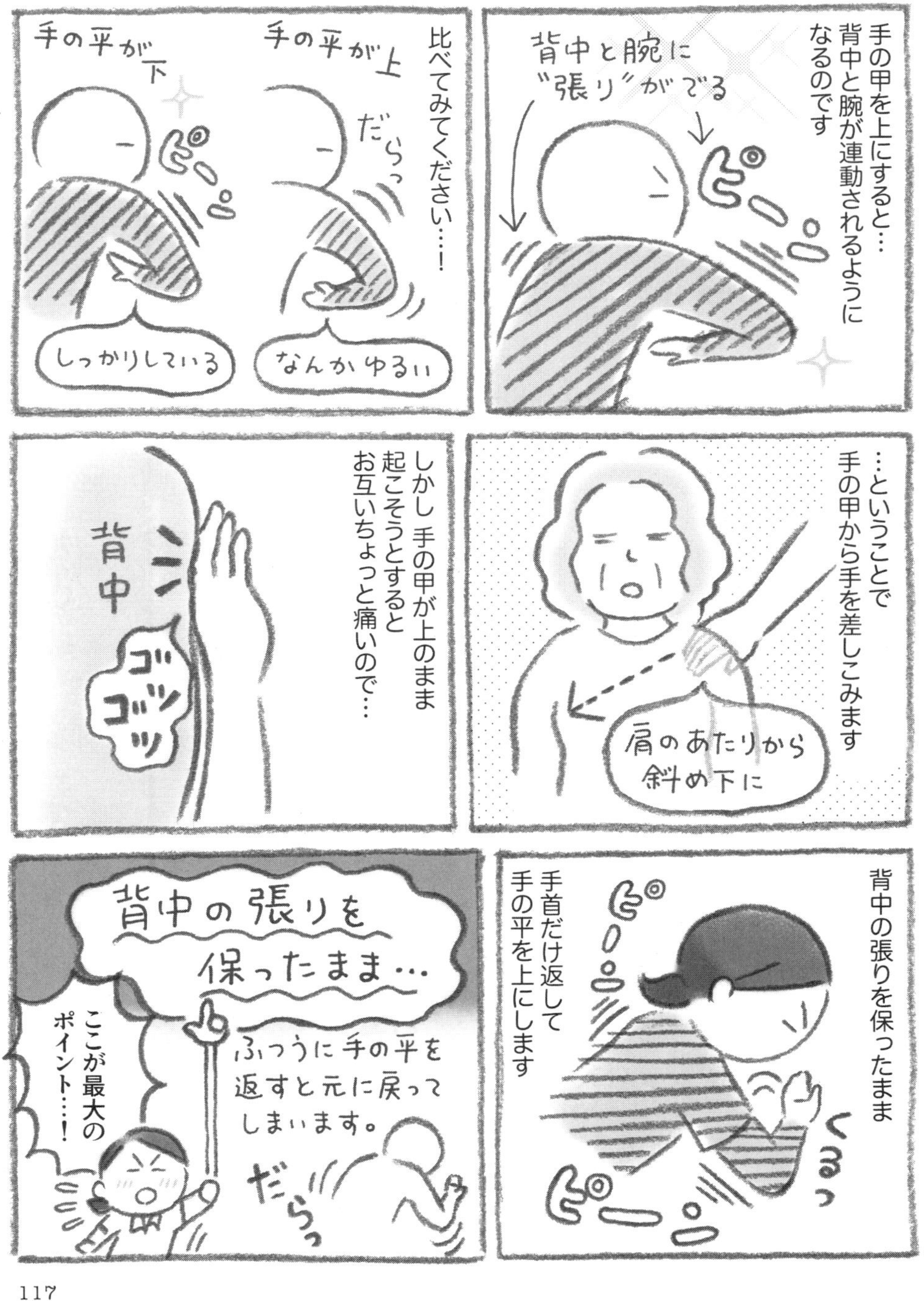
手の甲を上にすると…
背中と腕が連動されるようになるのです
背中と腕に"張り"がでる
ピーン
比べてみてください…！
手の平が上
だらっ
なんかゆるい
手の平が下
ピーン
しっかりしている
…ということで
手の甲から手を差しこみます
肩のあたりから斜め下に
しかし手の甲が上のまま
起こそうとすると
お互いちょっと痛いので…
背中
ゴツゴツ
背中の張りを保ったまま
手首だけ返して
手の平を上にします
ピーン
くるっ
ピーン
背中の張りを保ったまま…
ふつうに手の平を返すと元に戻ってしまいます。
だらっ
ここが最大のポイント…！

その状態から相手の体を起こしていくと
すっ
体に負担なく楽に起こすことができます
（相手側も楽に起きられる）
こうして全身を連動させて動くと体への負担が少なくなります
部分的な動き
物をとる時…
古武術的な動き（全身を連動させた）
すっ
こんな感じで…古武術的な体の使い方を身につけたらふだんの生活でも色々と使えて便利です…！
すっ
ふっ…
日常の動作が楽《らく》に楽しくなります～
くるっ
回転しながらの立ち上がり…
すちゃっ
岡田さんの講習会などで実際に体感してみるのがオススメです…！

不自由でも豊かな キヨさんのお話

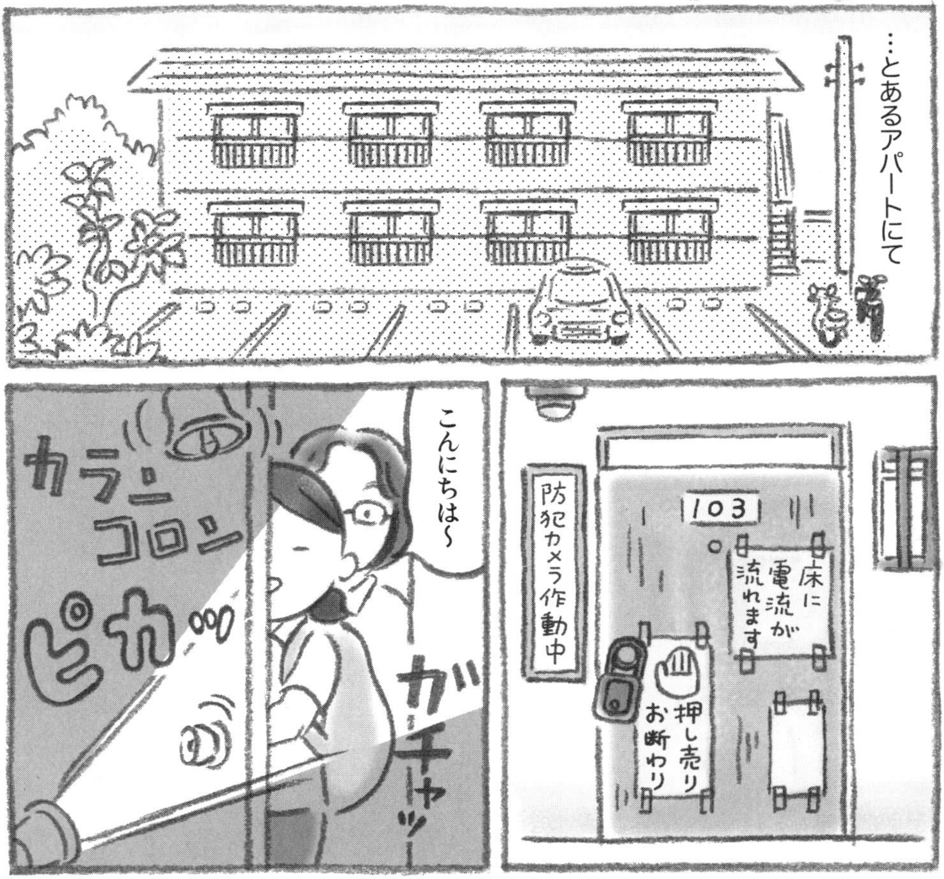

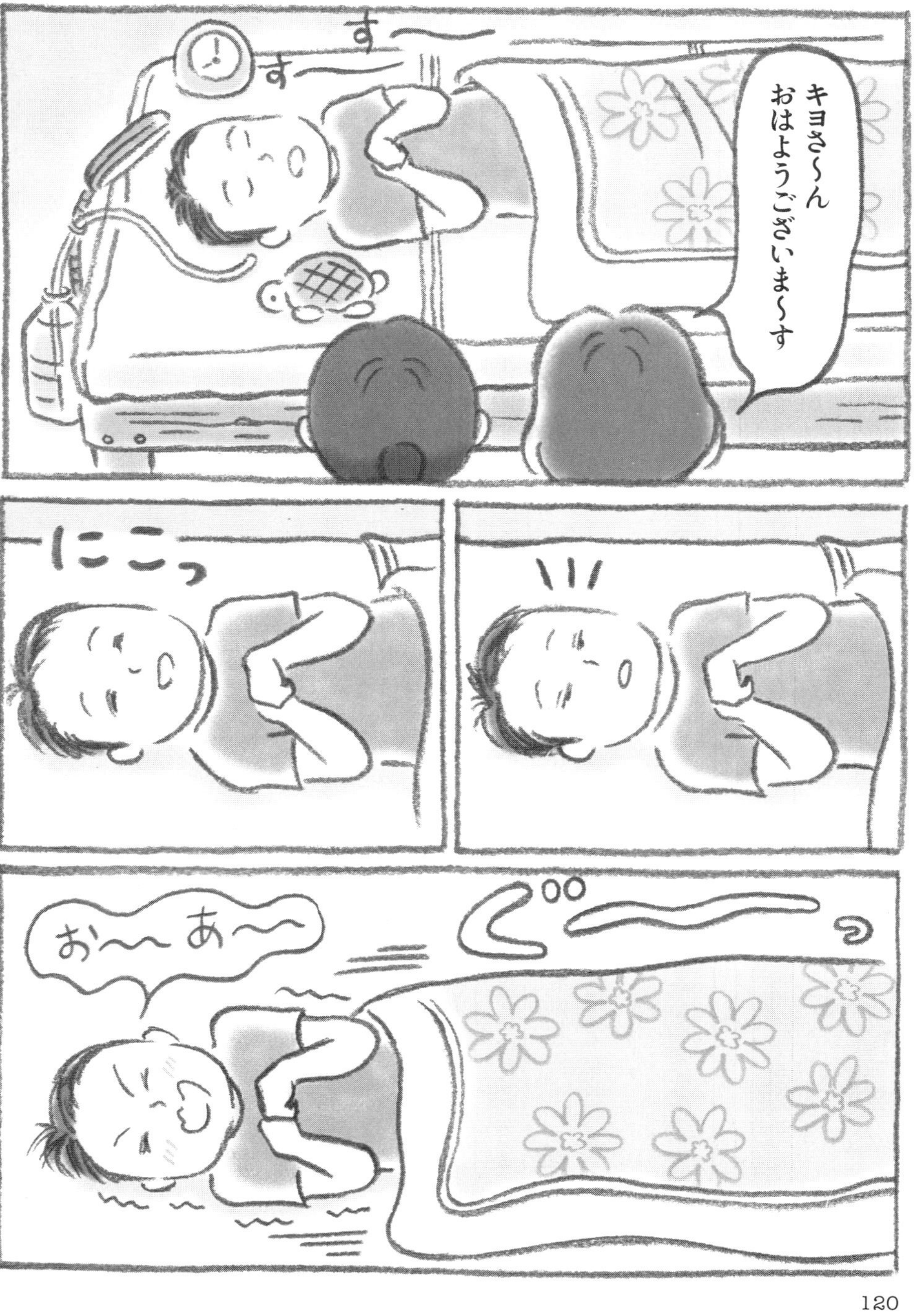
すー
すー
キヨさ〜ん
おはようございま〜す
にこっ
ぐ〜〜っ
お〜〜あ〜〜

なにか お話ありますか？
ぺっ
「あいうえお」いきますね〜
お手製の「ひらがな表」
① あいうえお かきくけこ さしすせそ たちつてと なにぬねの
② はひふへほ まみむめも やゆよ らりるれろ わをん
1ばん
ぺっ
あ行… か行… さ行…
た行…
ぺっ
た行の「た」・「ち」・「つ」…
ぺっ
「つ」… あっもしかして「つめ」ですか？
つめを切る？

ちょっと伸びてますね…
じゃあ切りますね〜
ちょっと怖がっている
大丈夫ですよ〜
パチ
パチン…
キヨさんは1人暮らしをしている40代の女性です
子どもの頃から脳性まひの障がいがあり
体をほとんど自由に動かすことができません
20歳の頃は足で絵や詩を書いたり…
キーボードで音楽をひいていたそう
言葉も声に出すことがほとんどできません
舌は動かせるので 主に舌を使ってコミュニケーションをとります
ぺ
舌が出たら「はい」出なかったら「いいえ」
常に人の手を借りないと生活できない状態なのですが
（イメージ図）
20代の頃 あえて両親の元を離れたそうです

自分のように 体に重度の障がいがあっても
自立して1人暮らしができる…ということを証明したいのだそうです
生活費は 国や市から援助を受けています
色々なヘルパー事業所を利用
そして 毎日代わる代わるヘルパーが訪問します
毎日違うヘルパーが来る
…といってもヘルパーは短時間しかいれないので ほとんどの時間を1人で過ごしています
(他人と長時間いるのが苦手…という理由で「重度訪問介護」は利用していません)
足で押せるテレビのリモコン
(つま先も少しだけ動かせる)
1人でいる時にどうしようもなくのどが渇いた時は
生唾《つば》をのんで 耐えているそう…
ごっくん…

…ある寒い冬の朝
うう〜寒いわねぇ〜
カラン コロン
こんにちは〜
泥棒除けの鐘とセンサーライト
ピカ
ああああああわああ
キヨさん!?
ガタ ガタ ガタ ガタ
あっ お布団が落ちてる…!!
キヨさん大丈夫? 寒かったねぇ!
がばっ
ぶぶぶ

夜も ずっと1人で寝ているため なにかあっても すぐに対処できません
よおあった…
(よかった)
これも掛けちゃおっ
(昔は夜に側についてくれる人がいましたが 今は人手不足でいなくなってしまいました…)
我慢して耐えることが多いと思います…
ヒーターもつけますね～
カチッ
じゃあ 歯磨きしますね～
キヨさんは 感情表現が豊かです
キレイな～ 歯ですね～♪
ららら～んら～ら～♪
うははは
歌ってる…
シャカ
シャカ
よく笑っています
ぷぷぷ…
私達もつられて笑ってしまう

悲しい気持ちになったら
思いきり 泣いて…
うううう…
障がいをもつ友達が差別をうけてつらい目にあったというメール
頭にきたら
思いきり 怒ります
ぐあああああ
びくっ
人に なにか伝えたいと思ったら
すぐに手紙を書きます
ぺっ
ま行の「ま」…
○○さんへ
ゆ・る・せ・ま…「あなたを許せません」?
1文字1文字を 文字盤を使って
言葉を聞いていくので 1つの文を作るのに
とても時間がかかります
時に
感謝の手紙だったり…
こんなこと言ってもらえて
嬉しいわ〜
批難の手紙だったり…
○○へ
事務所宛に苦情の手紙がきました…
ひー

食べるものは 体に良いと思うものを
自分で選んで食べています
最近の献立例
お酢入り紅茶
THE健康食!
ミニトマト
納豆
りんご煮
ご飯
さば煮
ブロッコリー
(たまに爆発(?)してジャンクフードを食べまくることも…)
1口 1口…
ゆっくりと噛んで食べます
もぐ… もぐ…
1口に2〜3分かかる。
キヨさんの所にくると
時間がゆっくりと流れているように
感じます…
もぐ… もぐ…
ア…メコ…
キヨミさんが育てている
ナメコのことですか?
様子見てきましょうか
あった これだ…
ナメコ
これは…
ナメコ

キヨさん…
ヤバイです…
どぼ〜〜ん
ちょっと見ないうちに
異常な大きさに…
やだ〜
ナメコのお化けじゃない!
ははは
ぎゃーー
わはは
これ
食べれますかね〜?
結局 全部蒸して食べました
ヌメヌメ感は
ほぼ無し…
私達も味見でいただく
採れたてのナメコは 味が濃厚で
とっても おいしかったのでした
キヨさんは好奇心おうせいで
大長編
自伝や小説を書いたり…
危険な
食品添加物
コンサートや
講演会に行ったり…
介助者
募集中です〜
チラシを作って
駅や大学で
配ったり…
創作料理を考えたり…
マシュマロの
卵焼き?
もっこり…
常に色々な挑戦をしています

えっ!? ウーロン茶にココアと青汁の粉いれるの?
ぺっ
失敗も結構ありますが…
おげ〜
まづ〜
がはっ
そりゃそうだよ〜!
わはははは
キヨさんに影響をうけるヘルパーも多いです
私もいろいろ挑戦するわ…!
キヨさんに影響されてタブレット買っちゃった…!
私もなにかイベント参加してみようかな
私も食品添加物気にするようになりましたね〜
そしてキヨさんには密かな(?)夢があります…
障がい者の人達が安心して自立して暮らせるアパートを持ちたいそうです
(イメージ図)

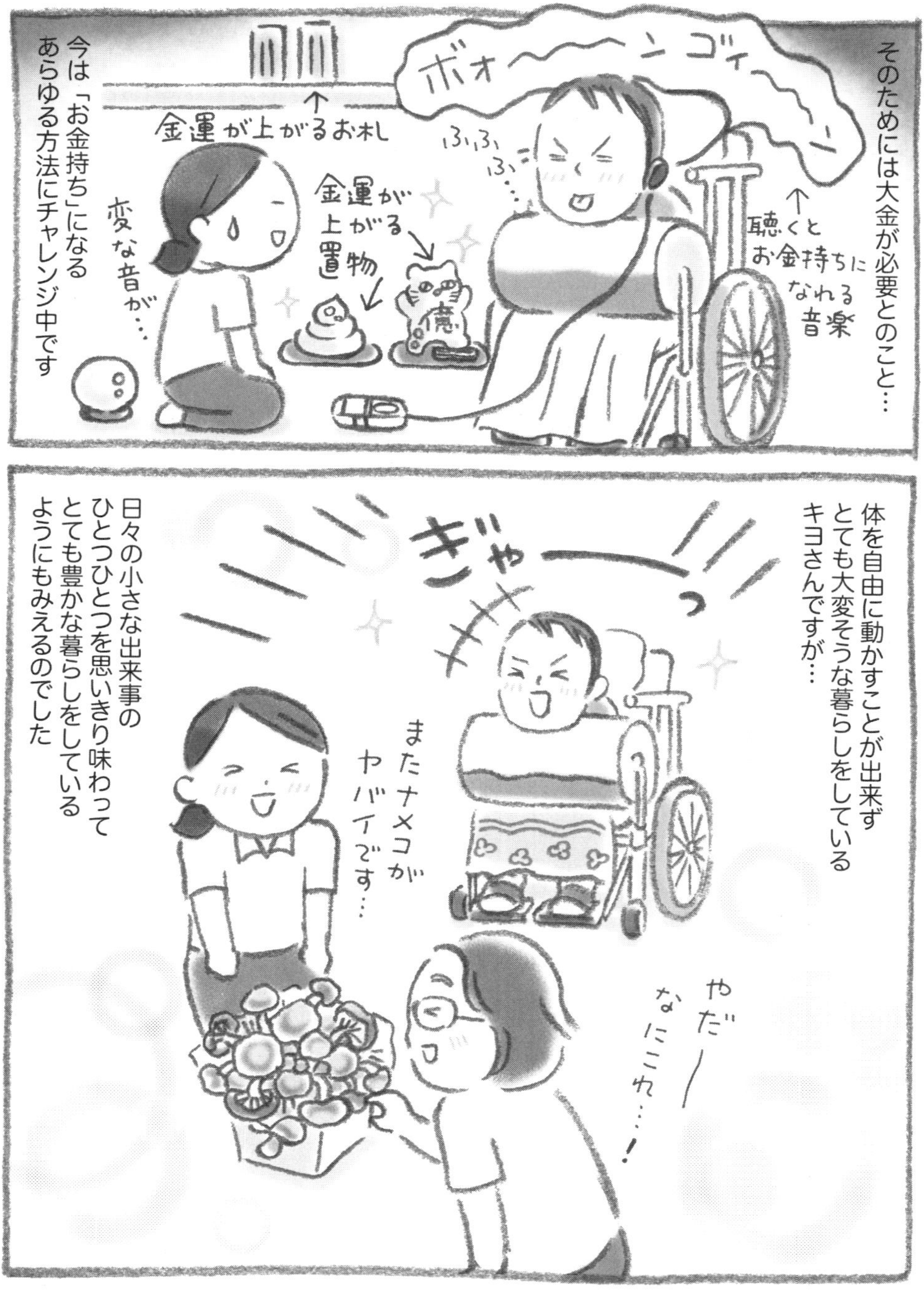
そのためには大金が必要とのこと…
ボォ〜〜ンゴィ〜〜ン
聴くとお金持ちになれる音楽
ふふふ…
金運が上がる置物
金運が上がるお札
変な音が…
今は「お金持ち」になるあらゆる方法にチャレンジ中です
体を自由に動かすことが出来ずとても大変そうな暮らしをしているキヨさんですが…
ぎゃーーっ
またナメコがヤバイです…
やだ〜なにこれ…!
日々の小さな出来事のひとつひとつを思いきり味わってとても豊かな暮らしをしているようにもみえるのでした

生ききると決めた センムのお話

パク パク パク
ツダさん
スー ハー
センム 体調はどうですか?
ん〜 まあまあ
センムの「まあまあ」はあんまり良くないってことですね…
パク パク パク
だいじょうぶ
スー ハー
私が 介護の仕事をするきっかけとなった デザイン会社のセンム(専務)は「筋ジストロフィー」という難病を患っていました
スー ハー
命綱のナースコール
だんだんと 体中の筋肉が動かなくなっていく病気です

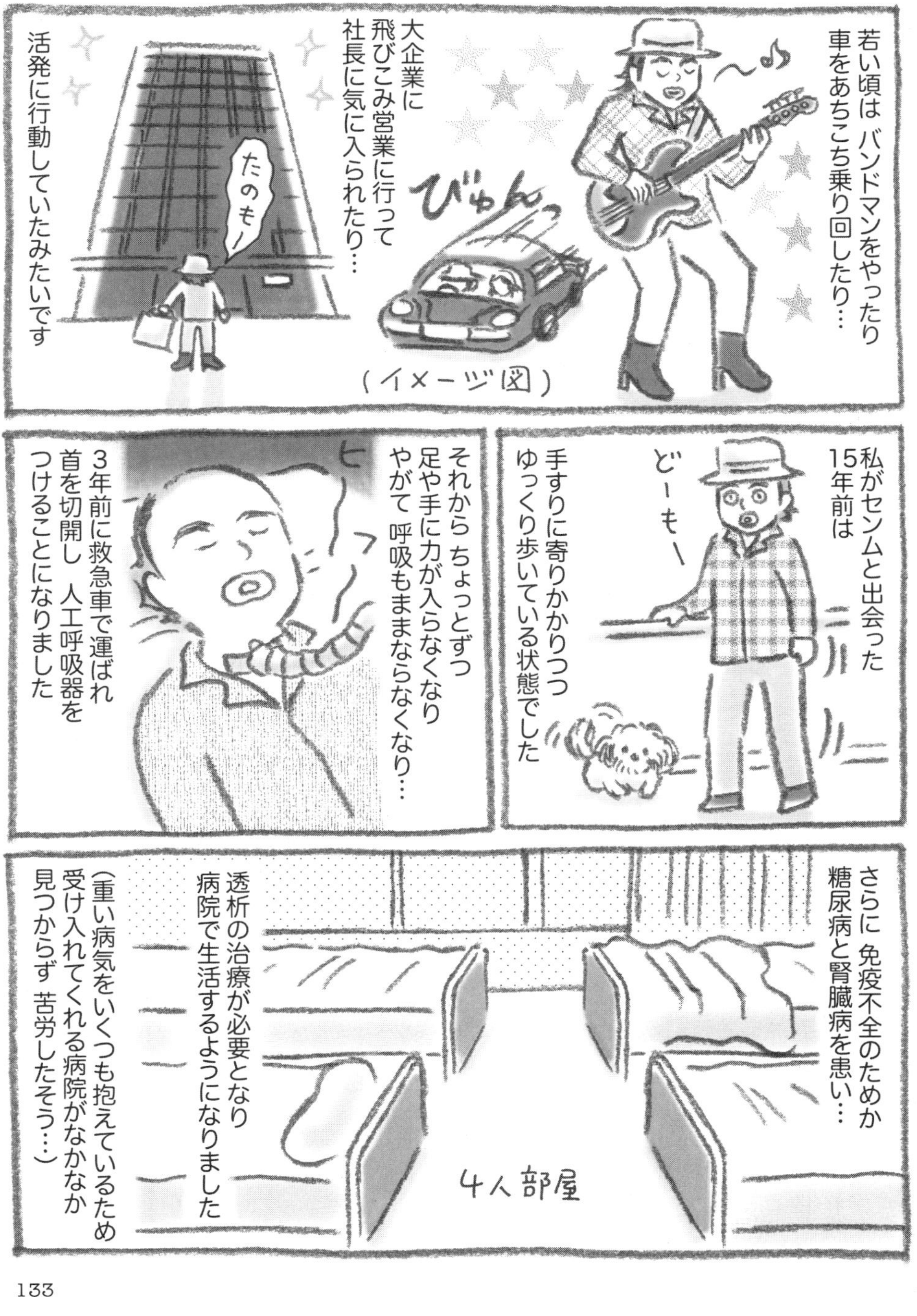
若い頃は バンドマンをやったり
車をあちこち乗り回したり…
びゅんっ
(イメージ図)
大企業に
飛びこみ営業に行って
社長に気に入られたり…
たのも!
活発に行動していたみたいです
私がセンムと出会った
15年前は
どーもー
手すりに寄りかかりつつ
ゆっくり歩いている状態でした
それからちょっとずつ
足や手に力が入らなくなり
やがて 呼吸もままならなくなり…
ヒ
3年前に救急車で運ばれ
首を切開し 人工呼吸器を
つけることになりました
さらに 免疫不全のためか
糖尿病と腎臓病を患い…
透析の治療が必要となり
病院で生活するようになりました
4人部屋
(重い病気をいくつも抱えているため
受け入れてくれる病院がなかなか
見つからず 苦労したそう…)

昔… 健康には人一倍
気をつけていたセンム…
これ以上体を悪くして
家族に迷惑かけたくないからね
豆腐に納豆としょう油を
かけただけのランチ
仕事では
人とぶつかることも多かったり
なにやってるんだよ
私も センムと
対立したこともありました…
いいからこれで
やってくれ！
このキャラクターは
ちょっと…
いかがなものかと…
センムのお話し中に寝てしまい…
大事な書類をヨダレで汚して
しまったこともありました…
最低な部下…
あらツダちゃん
お見舞いに
来てくれたの？
こんにちは
あ社長！
さおりちゃんも！
社長はセンムのお姉さんです
センムは社長の家族と一緒に
暮らしていました

社長と 社長の娘さんのさおりちゃんは センムにとって1番身近な家族です
チートさんよかったねぇ！
こくっ
今度また手術することになったのよ…
血管がまた細くなっちゃって…
えっまたですか!?
今年に入ってもう7回目の手術です…
うわ〜センム 大変ですね…
パクパク
だいじょうぶ
チートさん頑張ってよ〜！
もしチートさんいなくなったら私達も生きる気力無くなるからね！ホントだよ！
がんばる

社長 さおりちゃん センム…
みんなの まっすぐな思い…
もし病院で寝たきりになったら死んだほうがマシだよね～
そんなになって生きたくないよね～
…なんて あまり深く考えずに言っていた自分…
今 目の前にいるセンムは実際にそんな状態で
頑張って生きようとしています
ツダさん
ボクは何度も死にかけて
もうダメだと思った

でも今年で6回目の手術の後もまだしぶとく生きていた
センム…
こうなりゃとことん生きてやろうって思ったよ
だからがんばる
ツダさんもがんばって
はい…!
あと家族が思ってくれているからボクはがんばれる
ツダさんも周りにいてくれる人達をだいじにしてね

ホントに…
そうですね…!
センムは今
「人工呼吸器をはずして
できるだけ自分で呼吸する」
という目標を立てて
毎日挑戦しています
す〜
は〜
今日お昼はずっとはずしていた
あんまり無理しないでよ…!
また 体をちょっとずつ動かして
寝たきりでも 少しでも良い体勢に
なれるよう探っているそう…
もぞもぞ
体は弱っていても
とても力強いのでした
センムお肌も
ツヤツヤ…!
うらやましい〜!
肩でも もみましょうか
コクッ
じゃあ 私は足…!
あら チートさん
最高じゃない!

ふだん ついつい目の前にあることで
忙しくしてしまいますが…
センム… キヨさん…
介護の仕事を通じて…
「生きること」に
向き合っている人達から
目には見えないけれど
大事なことを
日々教わっています

あとがき代わりのおまけ①

あとがき代わりのおまけ②
実際のところ
私はまだ週2~3日の
勤務だから
こんな余裕のあることを
言っていられる面もあるかと…
ぱや ぱや
いい気なもんだ…
常勤の方達など
毎日のようにこの仕事を
していくのはやはり大変です…。
そして長く働き続けている
方達を見て思うのは…
力の抜き方がうまい!
ということです。
それは
ストレス発散の仕方だったり…
わはははは
あいつがさー
ものの考え方だったり…
主任
毎日が修業と思っています
全てをニュートラルに捉えています
悟りの境地…(?)
なにはともあれ
みなさまお疲れさまです!!

津田 かおり　Kaori Tsuda

埼玉県在住。1977年生まれ。
イラストレーターなどの仕事をしながら、週2～3日介護の仕事に携わる。老人ホームの施設で3年働き、そのあと訪問介護を7年続け、現在も継続中。
ヘルパー2級と介護福祉士の資格をもつ。
著書に『流行のライフスタイルに憧れて』（産業編集センター）がある。

Go《ゴー》 Go《ゴー》! 介護《かいご》

2019年 1月21日　第一刷発行

著 者　津田 かおり
監 修　岡田 慎一郎
ブックデザイン　清水佳子（smz'）
編集　福永恵子（産業編集センター）

発 行　株式会社産業編集センター
〒112-0011 東京都文京区千石4-39-17
TEL 03-5395-6133
FAX 03-5395-5320

印刷・製本　株式会社シナノパブリッシングプレス

ISBN978-4-86311-210-0　C0095